La puissance des rituels du Sel

Éditions **Exclusif**
120, avenue Charles-de-Gaulle
92200 Neuilly-sur-Seine.
Tél. et Fax. : 01.46.43.09.24.
E-mail : exclusif.edit@Wanadoo.fr

Imprimé en France

I.S.B.N. : 978 2 8489-1003-1

KAREN STEWART

La puissance des rituels du Sel

Introduction

LE sel est le produit le plus utilisé en **magie blanche**. La magie noire au sens propre du terme, celle qui invoque les démons ne l'utilise pas, parce que le sel met en fuite les démons. D'ailleurs le **sabbat des sorcières se caractérisait par un repas non salé**.

Le sel de la Terre !

Dans ce livre, nous nous intéresserons au sel gemme, et uniquement au sel gemme, parce que celui-ci est extrait de la terre. Or le Christ a bien dit des hommes : « *Vous êtes le sel de la Terre* » et non « *Vous êtes le sel de la mer* ». Le sel gemme est en effet, à ce titre, un équivalent symbolique de l'homme, et sa valeur magique est bien supérieure à celle de tous les sels de mer. Cette valeur tient à plusieurs aspects.

D'abord, ce sel est extrait de la terre, c'est l'un des « *trésors de la Terre gardés par les gnomes* », il prend dès lors une valeur en tant que matériau pour l'évocation des gnomes.

Le Karma de l'humanité

Ensuite, l'utilisation du sel gemme a un aspect **karmique** ; nous ne parlons pas ici des karmas individuels, mais du karma de l'humanité en général : autrefois, la déportation dans les mines de sel était l'un des moyens les plus sûrs de faire mourir à petit feu (mais relativement vite quand même) un délinquant ou un adversaire politique. Aujourd'hui le métier de « mineur de sel » reste l'un des plus dangereux et l'un des plus préjudiciables à la santé. En fait, quand vous offrez aux dieux ou aux esprits du Sel Gemme, vous leur offrez, en plus du sel lui-même de *la souffrance humaine* (1), une denrée qui contribue à diminuer la dette

(1) Ce n'est plus vrai pour le sel extrait des mines européennes ou américaines, mais ça l'est toujours pour le sel extrait de nombreuses mines situées dans des pays en voie de développement… De toute façon, le symbole reste valable.

karmique de l'humanité. C'est pourquoi, lorsqu'une offrande doit être salée et **toute offrande doit l'être**, comme l'était le parfum ou l'offrande faite à l'Éternel dans la tente du Rendez-vous au temps de Moïse, comme l'est le vin de messe (mélange de vin, d'eau et de sel), comme l'est l'eau bénite utilisée par le prêtre.

Nos lecteurs l'ont compris, le sel gemme **ne doit pas servir à saler des aliments profanes**. Avant de l'utiliser, **il faut l'offrir à Dieu ou aux dieux**, car sinon, en mangeant ce « *concentré de souffrance* » vous alourdissez votre propre karma. En revanche, quand vous en faites l'offrande, vous contribuez à alléger le karma de ceux condamnés par le destin à ce pénible et dangereux métier qu'est celui de mineur de sel, et, en le faisant, vous allégez leur karma, celui de l'humanité tout entière, et le vôtre par voie de conséquence. Nous savons que ce raisonnement sur la souffrance va nous attirer les foudres des censeurs, parce que, selon eux, il n'est pas « *politiquement correct* ». Qu'ils se révoltent s'ils le veulent ! Il faut savoir que dans certaines régions du monde, le seul moyen de survivre est encore aujourd'hui d'être mineur de sel ! Ce sont d'ailleurs les rares régions du monde où le sel gemme est encore exploité... Arrêter l'exploitation du sel, c'est probablement condamner les gens de ces régions à mourir de faim. La perpétuer, c'est les condamner à souffrir des maux habituels du mineur de sel. Si personne n'use de ce sel ! L'exploitation s'arrête. Si beaucoup de gens en font usage, les exploitants des mines feront venir de la main d'œuvre de contrées lointaines. Contribuerez-vous en utilisant ce sel à augmenter ou à diminuer les souffrances humaines ? Pour répondre à une telle question, il faudrait être Dieu soi-même !

Le sel purificateur

La purification par le sel n'est pas seulement une pratique magique. Ceux qui ont vécu dans les pays chauds, savent bien qu'il est possible de faire tremper les crudités dans de l'eau très salée pour tuer les micros organismes et faire tomber les parcelles de terre qui les souillent. De même, l'eau de mer, parce qu'elle est salée, a des pouvoirs antiseptiques et mêmes antiviraux. Depuis la plus haute antiquité, on utilise le sel pour purifier en cuisine, comme en magie. Le sel gemme, dans ce processus de purification prend, là aussi, une double valeur. Comme pour l'offrande, le sacrifice des mineurs augmente considérablement le pouvoir purificateur du sel. Par ailleurs, le sel de la mer est le sel que celle-ci a arraché à la terre. En mêlant du sel de terre dans l'eau, le praticien reproduit donc un processus « cosmique », la dissolution du sel de la terre par les eaux tombées des cieux. C'est en quelque sorte le baptême d'un sel vierge.

Le sel et le nom de l'Éternel

Depuis les temps les plus reculés, l'homme sait que le cristal de sel est cubique ; et, parce que c'est un cristal, ce cube est géométriquement parfait quelle que soit sa taille.

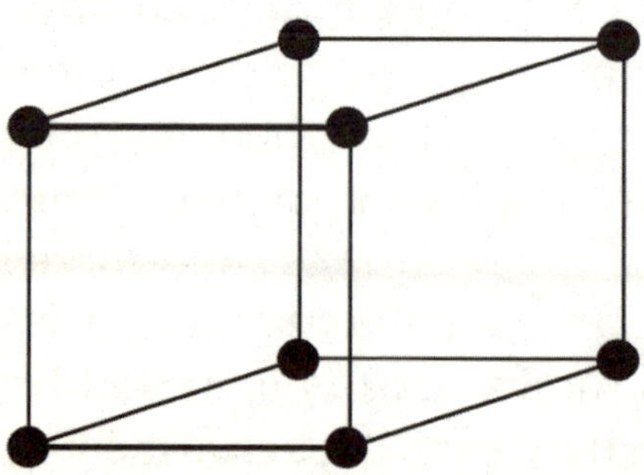

Pour les pythagoriciens le cube est représentatif du nombre huit ; car ils notaient les nombres avec des petites pierres appelées « calculis ». Le huit était représenté par huit pierres disposées en forme de cube… Disons plutôt pour être précis que ces pierres étaient déposées aux sommets d'une représentation plane du cube vu en perspective, comme sur le dessin.

Quand Jésus dit : « *vous êtes le sel de la terre* », il dit aux hommes entre autres choses « *vous êtes collectivement le dieu de la Terre* ». En effet le cube est un solide qui comporte six faces carrées, huit sommets, douze arêtes. Traditionnellement on additionne ces trois nombres pour obtenir vingt-six ; et on met en parallèle ce nombre avec le vingt-six obtenu en additionnant les lettres du nom de Dieu en hébreu (iod = 10, hé = 5, wav = 6, ce qui donne pour *iod hé wav hé* la valeur 10 + 6 + 5 + 5 = 26). Du point de vue de la kabbale et des doctrines pythagoriciennes, cette addition est légitime (c'est un point de vue numérologique) parce que 26 donne par réduction 2 + 6 = **8**.

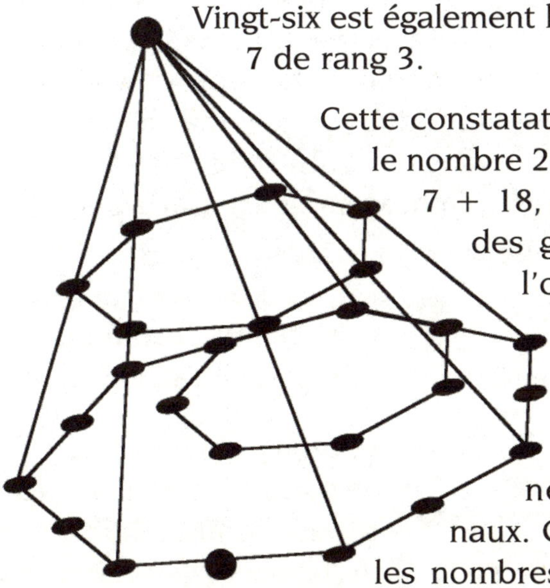

Vingt-six est également le pyramidal d'ordre 7 de rang 3.

Cette constatation permet d'écrire le nombre 26 sous la forme 1 + 7 + 18, ce qui montre l'un des grands mystères de l'occultisme, à savoir comment sept planètes peuvent être régies par neuf chœurs d'anges et neuf chœurs infernaux. Cette façon d'écrire les nombres avec des cailloux remonte au plus tard à l'époque de Pythagore qui l'enseigna en Grèce. Elle est donc très ancienne. Pythagore enseigna aussi comment, en déchiffrant les figures ainsi formées, on peut comprendre les mystères du monde occulte.

Ces spéculations sur les nombres, sont probablement fort ennuyeuses pour certains lecteurs. Néanmoins, ils doivent savoir, que s'ils les comprennent bien, s'ils les intègrent mentalement, ils acquerront pour les opérations qu'ils pratiqueront avec le sel une plus grande puissance, un plus grand pouvoir. Nous allons donc les prolonger quelque peu.

1 + 7 + 18 va nous donner si nous réduisons chacun des termes de l'addition 1 + 7 + (1 + 8) = 17 qui nous redonnera huit (1 + 7 = 8). Or 17 est justement le **huitième nombre premier**. Quand on sait que les nombres premiers sont considérés par les écoles pythagoriciennes (mais pas seulement par elles) comme les briques avec lesquelles Dieu créa l'Univers, on comprend que du fait que le nombre du cube puisse être réduit à 17 est représentatif d'un pouvoir particulier. On comprend que le sel, ayant par nature de tels rapports avec l'ésotérisme des nombres se soit vu attribuer de grands pouvoirs en magie.

L'ambiguïté du sel

Par ailleurs, le sel, du point de vue de son action dans la nature a un double pouvoir. Il est un conservateur pour les produits organiques dont il empêche le pourrissement, mais, par ailleurs il ronge aussi bien les chairs que les métaux. Une plaie saupoudrée de sel va s'enflammer et se creuser. Le métal et de nombreuses pierres seront rongées par le sel qui les réduira en poudre. Cette double action conservatrice et destructrice du sel se retrouve dans son utilisation en magie. Le sel, en tant qu'élément indispensable à la vie, sert à **consacrer**. En tant que produit corrosif et destructeur, il sert à **exorciser**. En tant que cristal et gemme extrait de la Terre, il sert à **représenter l'élément Terre** sur l'autel dans de nombreux rituels de magie ou de théurgie.

Les anciens ont connu cette valeur « intrinsèque » du sel, c'est pourquoi dans le passé, le sel était lourdement imposé. Cet impôt en France s'appelait la Gabelle. Partout dans l'antiquité et au Moyen Âge le sel fut frappé de lourdes taxes et la contrebande de sel fut l'une des plus lucratives et des plus répandues du passé. A la valeur symbolique et spirituelle du sel, s'ajoutait donc une valeur marchande non négligeable. C'est, à notre connaissance, l'un des rares produits qui ait dans le passé été taxé non à cause de sa rareté, **mais en raison de sa valeur spirituelle et naturelle propre**.

CHAPITRE 1

Le Sel protecteur

Protéger la maison et ses habitants

Lutter contre les mauvaises ondes, les maléfices, le malheur en général

Pour se préserver du malheur sous toutes ses formes, il est de coutume de répandre du sel en barrière devant les portes et les fenêtres d'une maison. Dans ce cas, le sel est répandu de préférence à l'intérieur de la maison.

Si la porte ne rase pas le sol, il faut disposer le sel à l'intérieur de la pièce, en barrant bien toute la largeur de la porte.

Le sel disposé en « barrière » sur un rebord de fenêtre à l'intérieur d'une pièce.

Si pour des raisons techniques, le sel ne peut être placé à l'intérieur de la maison, on le place à l'extérieur sous le paillasson.

Normalement le sel utilisé pour cette opération doit absolument avoir été consacré comme sel d'exorcisme. Pour sa part, l'auteur pense que cette opération est absolument nécessaire, car elle revitalise le sel. Néanmoins, son souci d'objectivité, l'oblige à informer ses lecteurs que beaucoup de gens, aujourd'hui, utilisent le sel sans qu'il ait subi aucune consécration préalable et que cette pratique, semble avoir malgré tout, une certaine efficacité. Évidemment, dans le cas où un lecteur penserait qu'il est maléficié ou que sa maison l'est, la consécration est **absolument nécessaire**. Voyez le rituel de consécration page 197 et suivantes.

Si le sel est mis en place à titre préventif il est efficace durant environ sept jours. Attention, même si le sel est « encore bon », il faut l'enlever avant de laver le sol. De même si la porte de votre maison donne sur l'extérieur, sachez que le sel qui a été mouillé doit être changé ; non parce qu'il n'est plus efficace, mais parce qu'il pourrait décolorer un parquet ou dépolir un carrelage.

Si vous estimez que la maison est maléficiée ou si vous recevez de nombreuses personnes chaque jour par exemple, si vous protégez de cette façon un cabinet de voyance, il est prudent de changer le sel chaque jour.

En effet, bien qu'on ne puisse parler d'un effet quantitatif, le sel s'imprègne progressivement d'influences nocives. Au bout d'un certain nombre de passages il perd de son efficacité protectrice.

De même, le sel qui a été placé ainsi en « protection », perd son efficacité au bout de sept jours, même si personne n'est passé. Enfin, lorsque la maison ou ses habitants sont maléficiés ou infestés, la durée d'efficacité d'une barrière de sel se limite souvent à une journée (24 heures).

Notez que le sel qui a perdu son efficacité est devenu maléfique. Vous devez donc, pour vous en débarrasser, le jeter dans un cours d'eau, une rivière ou encore les toilettes.

Deux bonnes raisons d'appliquer ce procédé :

Pour vous et vos proches : ces barrières empêchent en partie de pénétrer chez vous toutes les mauvaises influences venant de l'extérieur, que celles-ci soient dues aux mauvaises intentions d'un visiteur, à un maléfice ou à une action spontanée de la part de mauvais esprits. Elles ont, par conséquent, une action positive sur toutes les formes de malheur, de la malchance à la maladie, en passant par la mésentente, les infestations et toutes les formes de maléfices. Même vous ou vos proches, en franchissant ces barrières, vous débarrassez de toute ou partie des influences négatives que vous avez récupéré involontairement à l'extérieur de chez vous. De ce fait, **les « barrières » contribuent au calme et à la bonne entente dans la maison**.

Pour vos visiteurs :

Vous n'êtes probablement ni un saint, ni une sainte et vos proches ne sont probablement pas des anges. Vous et vos proches, comme tout le monde, pouvez avoir des pensées malveillantes ou injustes, vous pouvez être malade ou énervé ou encore déprimé. Dans tous ces cas, vous devenez des émetteurs de mauvaises influences que vous projetez sur vos proches ou sur vos visiteurs. En franchissant les barrières pour sortir de chez vous, vos visiteurs se débarrasseront en totalité ou en partie des mauvaises influences que vous aurez involontairement projetées sur eux.

Renforcer l'action des barrières de sel

Pour renforcer l'action des barrières de sel, il est possible de placer un petit tas de sel à chaque coin de la pièce. Ces tas de sel agissent essentiellement sur les mauvaises influences qui sont déjà à l'intérieur de la maison, soit parce qu'elles sont émises par les personnes qui y vivent, soit parce qu'une personne qui a franchi le seuil de la porte en venant de l'extérieur est, pour une raison quelconque, émettrice d'influences nocives. Les tas de sel seront placés sur des soucoupes qui seront disposées comme suit.

PREMIER CAS : votre pièce est carrée ou rectangulaire :

- Les soucoupes emplies de sel seront disposées aux quatre coins de la pièce.

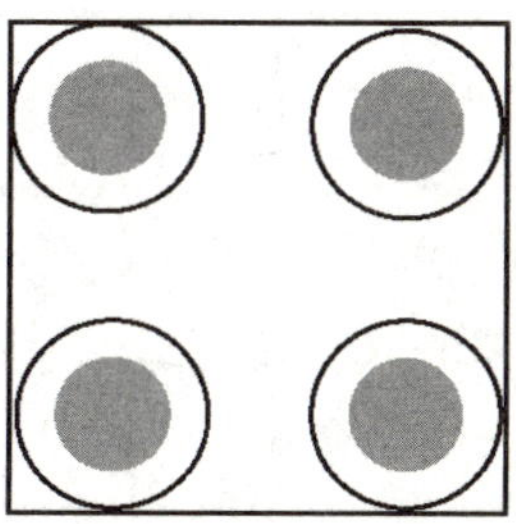

- Notez que la quantité de sel utilisé est peu importante, une cuillerée à soupe dans chaque soucoupe suffit, même si la pièce est très grande. Ici, nous avons démesurément grossi les soucoupes. Il n'en sera pas de même sur les schémas suivants.

SECOND CAS : votre pièce comporte un décrochement, comme si l'on avait abattu une cloison entre une grande et une petite pièce.

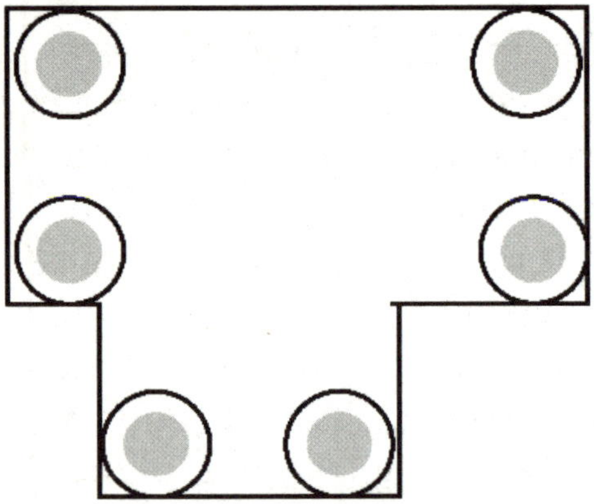

- Dans ce cas, et même si ce décrochement n'est qu'un simple placard, vous devez considérer que les deux angles concaves qui débordent du rectangle représentant la pièce principale sont au-delà de la zone protégée par les soucoupes.

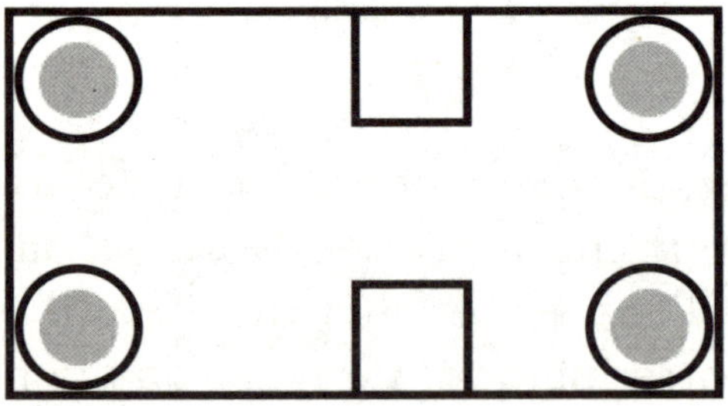

- **A l'inverse, une pièce qui est séparée en deux (ou plus) par des retraits des murs vers l'intérieur** sera traitée comme si ces retraits n'existaient pas, parce qu'ils sont dans la zone protégée par les soucoupes.

TROISIÈME CAS : la pièce à protéger est biscornue et comporte plus de quatre angles. Cela arrive souvent dans les maisons anciennes.

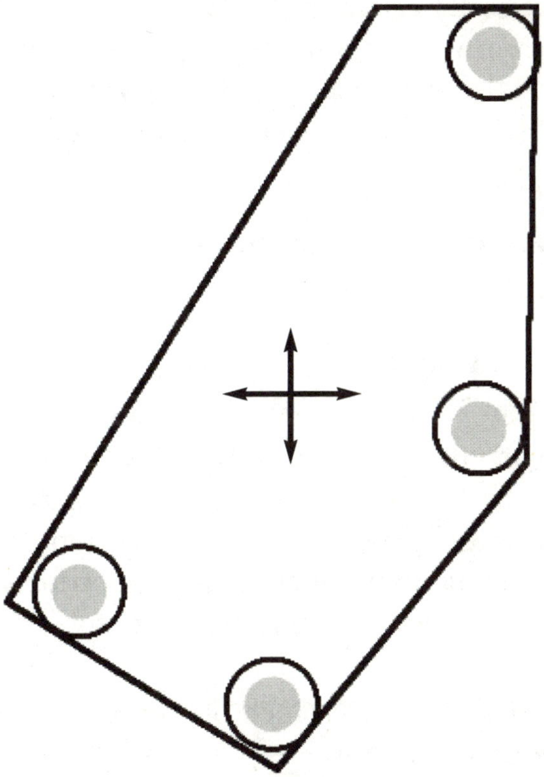

- Vous allez devoir rechercher avec une boussole quel est le point le plus au Nord, le plus à l'Ouest, le plus à l'Est et le plus au Sud. Il faudra faire appel à votre logique. Ce n'est pas la distance des soucoupes l'une par rapport à l'autre qui est importante, c'est leur éloignement du centre de la pièce dans les directions que vous avez déterminées à l'avance.

Sur le schéma ci-dessus, la croix représente les quatre points cardinaux.

Quelles pièces devez-vous protéger en priorité

Vous n'allez pas faire une telle chose dans toutes les pièces de la maison ! D'abord cela vous donnerait beaucoup de travail, ensuite ce serait inutile.

Il y a trois types de pièces à protéger en priorité :

Les pièces à vivre :

- celles où l'on se tient souvent et ou la famille se réunit, par exemple : la salle de séjour.

Les pièces à recevoir :

- celles où l'on se réunit spécialement quand on reçoit, et il n'est utile de les protéger que lorsqu'elles sont utilisées.
- La cuisine et toute autre pièce où l'on introduit régulièrement des marchandises.

Vous pouvez également protéger l'entrée :

- si elle est traversée fréquemment parce qu'elle mène par exemple à un local professionnel.

Discrétion et image de marque

Les soucoupes emplies de sel, cela ne choquait personne dans une ferme du Berry au siècle dernier.

Aujourd'hui, si vos visiteurs voient les soucoupes, où ils penseront que votre maison est infestée de souris et qu'elles contiennent de la « mort aux rats » ; ou, s'ils réalisent quel est leur véritable rôle, ils risquent de vous prendre pour un fou, à moins qu'ils ne soient simplement vexés par cette précaution.

En un mot il vaudrait mieux que votre protection par le sel ne soit pas visible ou s'intègre au décor. Voici donc quelques suggestions qui vous permettront de protéger votre maison discrètement.

PREMIÈRE SOLUTION : le mini jardin Zen

- On trouve dans le commerce de gros cristaux de sel gemme. Sur une table, un plateau ou une assiette saupoudré de sable soigneusement ratissé, une ou deux autres pierres, et vous venez de créer une protection, que peut-être, on admirera (si vous avez du talent), mais qui de toute façon ne vous compromettra pas.

SECONDE SOLUTION : le vase de minéraux

- Dans un vase, genre éprouvette, ou dans un bocal muni d'un joli bouchon, vous entassez par couche des couches de produits minéraux de couleurs différentes : le truc, c'est de choisir des produits colorés et non solubles dans l'eau. Chaque semaine quand l'on doit se débarrasser du sel on vide ce flacon dans une cuvette emplie d'eau. On laisse fondre le sel, et on récupère les autres pierres avec une passoire.

TROISIÈME SOLUTION : le presse papier

- Un beau cristal de sel est tout aussi décoratif qu'un beau quartz et, évidemment, beaucoup moins compromettant qu'une soucoupe emplie de sel.

QUATRIÈME SOLUTION : la dissimulation

- C'est par facilité que l'on utilise souvent des soucoupes emplies de sel ! Un praticien de l'occultisme qui vient protéger votre maison adopte en général cette solution : l'esthétique ne fait pas partie de ses préoccupations.

Il faut cependant savoir, que le sel peut être mis dans tout autre chose, par exemple dans des petits tubes de verre bien bouchés ou même dans un sac de matière plastique.

Si, par exemple, votre moquette est clouée et non pas collée, vous pouvez placer le sel dans des pochettes de matière plastique ou dans des enveloppes, sous la moquette.

Par ailleurs, le sel doit être dans les coins de la pièce, mais il n'est pas obligatoire qu'il soit au ras du sol. Un tube ou une petite bouteille empli de sel peut être dissimulé dans bien des endroits. Un des amis de l'auteur, voyant professionnel, a dissimulé du sel aux quatre coins de son cabinet dans quatre potiches chinoises. Ces potiches sont garnies de magnifiques fleurs artificielles.

Protéger une personne en particulier

C'est bien de protéger la maison, mais une personne en particulier peut avoir besoin d'une protection. Voici comment protéger une chambre, un lit, et se protéger soi-même avec du sel à l'extérieur de chez-soi.

Protéger un malade

Le malade alité est une victime toute désignée pour les mauvaises influences.

En général il souffre, et la souffrance affaiblit. Vous pouvez cependant le protéger avec du sel.

Il vous suffit pour cela de disposer d'enveloppes ou d'assiettes.

Dans une enveloppe de papier Kraft que vous percerez de nombreux coups d'épingles :

- placez du sel gemme à l'intérieur.
- L'enveloppe elle-même sera placée sous le lit du malade.
- Il faut la renouveler tous les sept jours... Néanmoins, dans les cas graves, il est conseillé de la renouveler tous les jours.

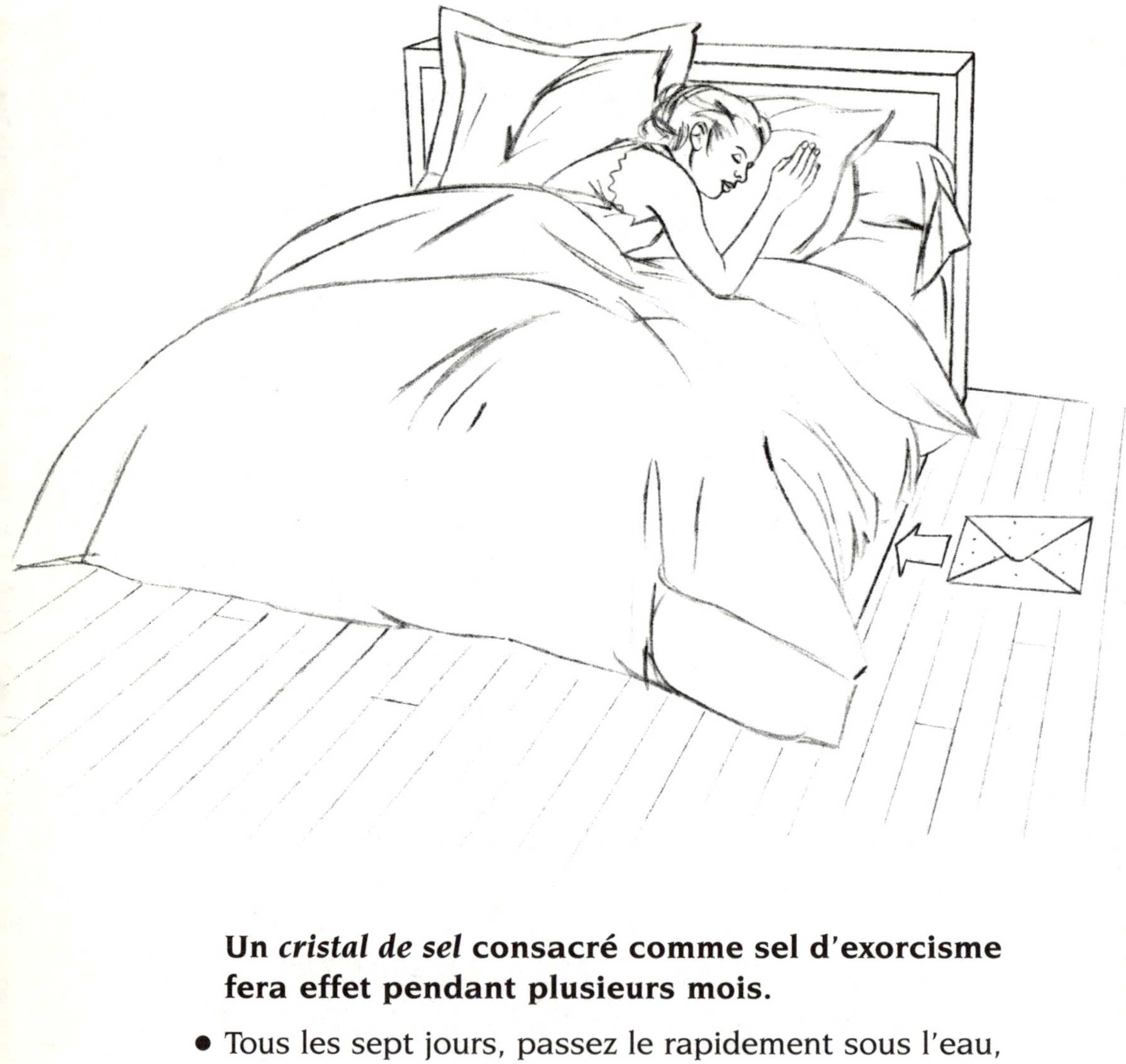

Un *cristal de sel* consacré comme sel d'exorcisme fera effet pendant plusieurs mois.

- Tous les sept jours, passez le rapidement sous l'eau, puis séchez-le avec du papier absorbant.
- Pour ce faire, portez des gants de caoutchouc (sinon l'eau vous transmettra les « ondes nocives » capturées par le sel).
- Le papier qui a servi à sécher le cristal sera obligatoirement brûlé.

Vous protéger à votre lieu de travail

Le lieu de travail est souvent une place privilégiée pour la manifestation de l'envie, de la jalousie, et aussi de la crainte... C'est un endroit ou même votre efficacité, votre rendement peuvent jouer contre vous.

L'auteur a connu des personnages qui ne sont jamais passés cadres parce qu'ils étaient les meilleurs dans un travail subalterne.

Il y avait deux raisons à cette décision. La première était que la direction ne voulait pas les remplacer aux postes qu'ils occupaient, la seconde est que leur remarquable efficacité « faisait de l'ombre » à leur chef de service.

Le milieu du travail est en effet plein de pièges ! On vous demande de faire ceci ou cela, mais ce n'est pas forcément sur votre zèle ou sur votre efficacité que vous serez jugés. Pire encore ! Un jugement trop favorable sur votre travail peut jouer contre vous ; soit parce que vous gênez, soit parce que politiquement il n'est pas souhaitable pour l'évolution du service que le « rendement soit aussi bon ». L'autorité dans l'entreprise d'un chef de service se mesure entre autres au nombre de personnes qui sont sous sa responsabilité.

Il n'existe, pour celui qui occupe un poste subalterne, aucun moyen de savoir ce qu'il doit faire pour obtenir une promotion. Là encore le sel peut vous aider.

Sur votre table de travail, placez simplement un presse papier fait d'un bloc de sel gemme préalablement consacré.

- Si vous trouvez que ce bloc de sel est trop repérable mettez-le dans le tiroir de votre bureau, il agira tout autant.

Comment agit-il ?

Le sel agira en prévenant la génération d'influences nocives. De ce fait, dans la mesure des moyens dont vous disposez, il vous aidera à optimiser votre attitude pour que tout se passe pour le mieux, tant avec vos collègues qu'avec vos chefs.

Notez que pour cette application, le sel doit être consacré comme **« sel d'exorcisme »**.

Vous protéger en tant qu'individu

Le sel peut entrer dans la composition de sachets de protection.

Voici la méthode de fabrication d'un sachet protecteur à base de sel parmi les plus puissants.

Matériel nécessaire :

- Une nappe blanche (ce peut être une simple feuille de papier).
- Du charbon de bois, si possible du charbon de bois de frêne.
- Un mortier de bois et un pilon. Il est important que mortier et pilon soient de bois.
- Un sachet de coton ou de lin blanc muni d'un cordon blanc.
- Une bougie blanche.
- De l'encens du Liban aussi appelé Oliban.
- Un encensoir ou un brûle parfum en terre (et il est important qu'il soit en terre).

L'autel sera disposé comme suit (illustration en page 30) :
(*l'autel peut être n'importe quelle table*).

- La bougie et le brûle parfum, sont placés en ligne.
- Le sel est à gauche de l'opérateur, le charbon à sa droite.

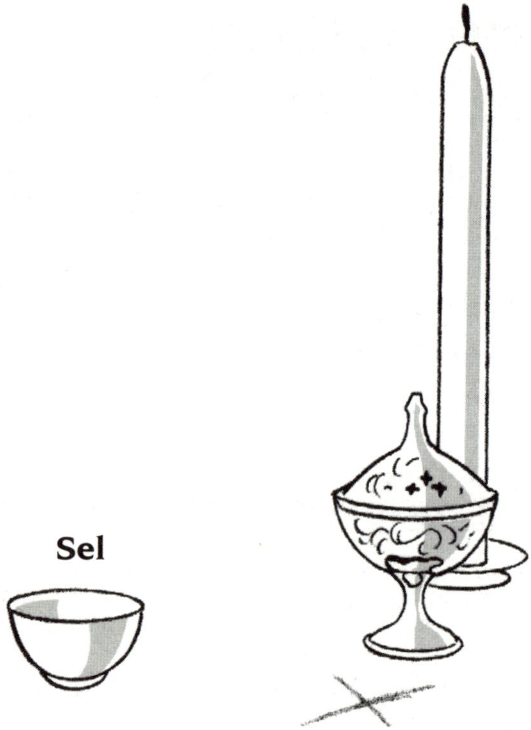

Pour consacrer chaque produit vous devez le placer à l'emplacement de la croix.

- Après la consécration, vous le reposez à son emplacement initial.

Avant de commencer ce rituel :

- vous allumerez les braises de l'encensoir et la bougie.

Vous direz ensuite en écartant les mains paumes tournées vers le haut.

Ma puissance est dans le nom du Dieu qui créa les cieux et la Terre et des divinités qui en représentent les lois !

O Dieu tout puissant toi qui es connu sous tant de noms et te manifestes sous tant d'aspects, j'invoque toutes les puissances mystérieuses que tu as placées dans ce monde et dans les autres.

Je les invoque dans les ténèbres et le chaos par le nom d'Ouranos que tu fis connaître aux peuples comme celui que tu portais avant la création du monde.

Je les invoque par les générations qu'il engendra ! Par les fils révoltés des cieux et de la Terre, les destructeurs qui s'agitent sous les volcans. Par ta fille, née de l'écume qui mit la beauté en ce monde ! Par ton fils de noir vêtu, le vieillard éternel, l'ancien des jours, le Dieu de l'âge d'Or !

Je les conjure par le nom de celui qui règne dans les cieux et sur la haute montagne et dont la tombe est sous le mont Ida.

Je les conjure par son frère qui du fond des mers secoue la terre dans sa colère ! Par celui qui douze fois vainquit les dieux avant de s'immoler par le Feu ! Par sa force et par son habileté au combat !

Je te conjure par les nombres sacrés qui furent connus par révélation ! Par le signe mystérieux *qui se trace d'un seul trait ! Par les étoiles des cieux, Par les planètes, Par les esprits qui les guident dans leur errance ! Par les lois immuables qui survivront au monde. Par les mystères de l'unité, de la dualité, de la décade et du carré de quatre !*

Que donc soient présentes ici les puissances de l'avant et de l'après ! Du Nord et du Midi ! De l'Est et de l'Ouest, du haut de du bas ! Que les monstres des abîmes de la Terre et de la mer soient sous notre pied gauche ! Qu'en notre cœur rayonne l'astre du jour ! Que l'astre rouge nous donne sa force, le bleu sa puissance, le vert sa beauté, le blanc son intelligence !

Imposez les mains sur le sel.

Par les huit sphères, par les quatre éléments, par les douze vents, je consacre ce sel afin qu'il soit semblable au fondement de ce monde. Je le consacre pour la protection des hommes, que celui qui le portera soit préservé des ombres de la mort, de la noirceur des hommes et de la colère des dieux !

Versez de l'encens sur la braise, puis ajoutez sur l'encens une pincée de sel !

Puissances du règne minéral qui résidez en ce sel comme au plus profond de la terre ! Que cet encens mêlé de sel s'élève en votre nom vers votre créateur, afin que ce sacrifice nous attire votre bienveillance et votre soutien ! Soyez donc les gardiens de nos champs et de nos coffres, parce que en se sacrifiant pour vous nous attirons sur vous les bénédictions !

Imposez à nouveau les mains sur le sel.

Par les peuples de la Terre, par les paroles mystérieuses que l'on ne communique qu'en chuchotant au plus profond des temples !

Par l'inspiration des poètes et des prophètes, par la musique des forêts et des bosquets, par l'ivresse née du vin et des fumées, par les parfums suaves, puissances de l'air qui vous élevez avec la fumée de cette offrande, inspirez la modération à nos paroles afin qu'elles ne blessent point les grands !

Donnez leur l'autorité afin que nous soyons obéis ! Accordez à nos oreilles d'être bercées par les musiques célestes et soyez les gardiens de notre souffle ! Que cette fumée s'élève donc en votre nom vers votre créateur afin qu'elle attire sur vous ses bénédictions.

Versez de l'encens sur la braise, puis ajoutez sur l'encens une pincée de sel ! Versez également une pincée de sel dans la flamme de la bougie.

Puissance du Feu qui est partout la même en tout lieu et en tout temps ! Toi qui purifies et détruis du plus profond de la Terre jusqu'au plus haut des cieux ! Que cette lumière qui manifeste ta présence en ce lieu soit sanctifiée !

Que ce sel qui active le feu de l'autel soit consumé par toi comme offrande pour ton créateur et apporte à notre corps et à notre âme toute la puissance qui leur est nécessaire afin que notre nom soit perpétué ! Consume donc en nous l'impureté ; avant que, quand le temps en sera venu tu ne consumes les parties grossières de notre être afin de libérer notre âme de sa prison et de l'entraîner vers les sphères de l'en haut.

Je te consacre donc, sel au nom du Créateur, des puissances des sphères et des puissances des éléments, afin, que de partout ou tu seras répandu règne la paix avec les puissances de l'invisible et qu'en soit chassée toute influence maléfique, que celle-ci soit due à l'action d'une quelconque magie ou à une initiative fortuite d'esprits mauvais ; afin que quiconque t'utilisera, soit en t'absorbant, soit en te portant sur lui ou en te répandant en un lieu quelconque soit protégé de tout mal du corps ou de l'âme.

Qu'il en soit ainsi par la puissance du créateur et de tous les esprits célestes ou terrestres qu'il a engendrés !

Ce rituel sera scellé d'un triple signe du pentagramme.

Le charbon sera consacré en utilisant la même formule :

- le mot *sel* étant simplement remplacé par le mot « charbon ».
- Et la phrase « ce sel qui active le feu de l'autel » par « ce charbon qui nourrit le feu… ».

Notez que l'on peut substituer à cette formule païenne la formule chrétienne de consécration du sel d'exorcisme donnée en fin d'ouvrage.

Une fois les deux produits consacrés une petite quantité de chacun sera broyée au mortier puis tamisée.

- La poudre ainsi obtenue sera versée dans un sachet de coton ou de lin blanc. Le sachet sera porté à même la peau, sous la chemise, au niveau du plexus solaire.
- **Notez que ce sachet craint l'eau.**
- Notez également que le mélange charbon sel peut être contre indiqué aux personnes allergiques.
- Notez enfin, que si vous ne voulez pas voir apparaître des taches noires sur les vêtements qui seront au contact de ce sac, il faudra utiliser un tissu très serré.

Notez que si vous utilisez cette consécration, il est bon de broder en bleu marine sur le sachet de tissu la figure suivante.

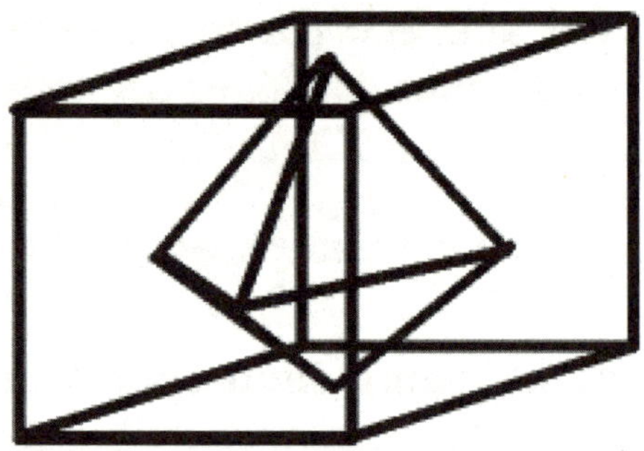

Ce dessin représente symboliquement l'imbrication des mondes visibles et invisibles. Il n'a pas de caractère protecteur mais reflète tout le processus de la consécration païenne donnée ci-dessus. Brodé sur le sac de coton (ou de lin) avec un fil de soie ou de laine fine, il est une répétition symbolique de la consécration et en renforce l'action.

Notez que pour accomplir ce rituel il est avantageux d'utiliser un cristal de sel cubique. Le cube est certes la forme du cristal de sel, mais lors du clivage des « pierres de sel » on obtient souvent des parallélépipèdes. Ce que nous appelons souvent un cristal est en réalité un assemblage de très nombreux cristaux.

Protéger une personne à distance

La personne à protéger peut d'ailleurs être vous-même. En fait vous allez protéger une personne à travers sa photo. Pour cela il faudra absolument utiliser un cristal de sel ; et ce cristal devra être plus grand que la photo.

Mais, diront certains lecteurs, la protéger de quoi ? De tout et de n'importe quoi ; autrement dit des maléfices ou des influences nocives qui ont leur part de causalité dans tous les accidents et dans toutes les maladies. Il faut bien comprendre que si en passant dans une rue un jour de grand vent, vous recevez une tuile sur la tête, c'est parce que, à l'instant crucial vous vous trouvez exactement sur la trajectoire de la tuile. Un décimètre à gauche ou à droite, un mètre en avant ou un mètre en arrière, une seconde plus tôt ou plus tard et la tuile ne vous touche pas. La probabilité que votre tête se trouve exactement sur la trajectoire d'une tuile emportée par le vent est très faible, presque aussi faible que celle de gagner à une loterie. Donc, si cette probabilité survient, c'est qu'à cet instant vous êtes affecté par une malchance exceptionnelle, tout comme gagner à la loterie montre que vous bénéficiez à cet instant d'une chance exceptionnelle... Or presque tous les accidents résultent de ce genre de « concours de circonstances exceptionnelles ». La protection à distance par le sel (comme toutes les protections par le sel) vous préserve partiellement des accidents en vous protégeant des maléfices et des influences maléfiques qui contribuent à les provoquer. Elle vous en protège partiellement parce qu'il existe bien d'autres facteurs tels que le destin et votre éventuelle imprudence, vos états d'âme. De même, et pour les mêmes raisons, elle vous protège partiellement de la contagion, des intoxications alimentaires, des « faux mouvements » de la foudre... Voire des agressions et des vols.

Autrement dit, pour une personne qui est protégée à distance par une pierre de sel (ou par toute autre protection efficace), les choses ne se passent pas toujours bien, mais dans l'ensemble elles tendent à se passer moins mal que si elle n'était pas protégée.

Matériel nécessaire :

- Il vous faut une boîte de carton solide ;
- un cristal de sel consacré ;
- une photo de la personne à protéger.

Placez la photo au fond de la boîte de carton de façon à voir le visage de la personne à protéger.

- Le plus pratique est d'utiliser une photo au format identité.
- Posez le cristal de sel consacré sur la photo.

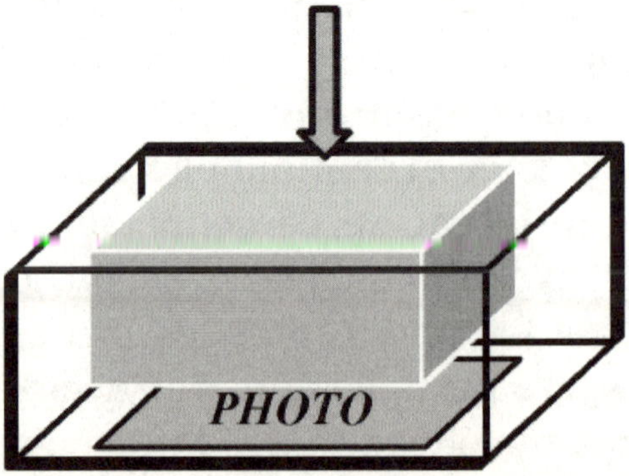

Le cristal de sel doit recouvrir toute la photo.

- Fermez la boîte avec son couvercle que vous aurez préalablement percé d'un trou approximativement circulaire d'environ un demi-centimètre de diamètre.

  Vous pouvez faire ce trou avec un couteau ou tout autre instrument pointu. Essayez, si possible de travailler proprement.

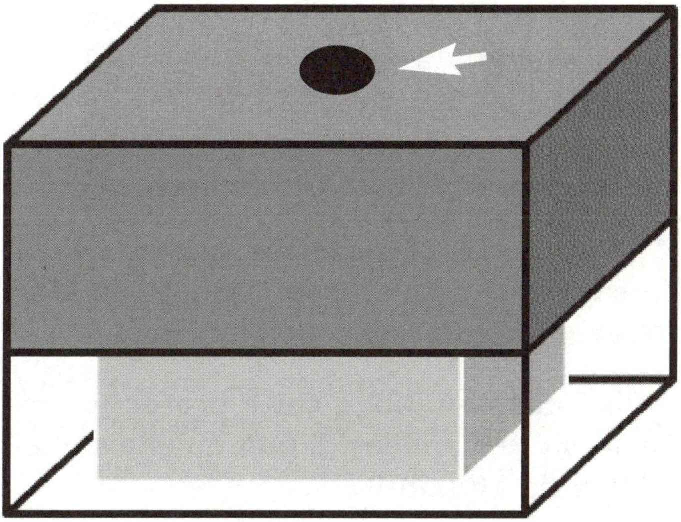

Placez la protection ainsi préparée dans un endroit sec.

- Le matériau de la boîte n'a aucune importance sur le plan occulte. Évitez cependant les boîtes métalliques qui, sous l'influence de l'humidité de l'air peuvent s'oxyder.
- En revanche, il est important, du point de vue occulte, que la base de la boîte ne soit pas disproportionnée par rapport à la taille du cristal.

Facilités :

- Vous pouvez bloquer le cristal dans la position idéale en utilisant des bandes de carton du même genre que celui utilisé pour fabriquer les cartes de visite. Cela permettra au cristal de rester en place si vous devez déplacer la boîte.

- De même vous pouvez fixer la photo au fond de la boîte avec un point de colle blanche.

Une fois mise en place cette protection est efficace pendant des années. Il faut qu'elle soit conservée à l'abri de l'humidité.

Combattre un maléfice avec le sel

Voici un procédé de désensorcelement rapide qui convient pour les petits maléfices. Il est utile, même pour ceux qui ne sont pas maléficiés, car il a, de plus, l'avantage d'être très tonique. Il peut donc remplir un rôle prophylactique. Suivant les régions, il se pratique avec un bouquet de persil frais ou un bouquet de thym. **Notez qu'il faut éviter que le persil ou le thym aient été traités avec des insecticides ou d'autres produits chimiques.**

Pour le réaliser il vous faut :

- Un bouquet de thym ou un bouquet de persil.
- Une baignoire ou un baquet.
- Du sel d'exorcisme.

Jetez dans le fond de la baignoire ou du baquet trois poignées de sel.

- En jetant la première poignée il faut dire :
  « *Au nom du père qui créa les cieux et la Terre* ».
- En jetant la seconde poignée il faut dire :
  « *Au nom du fils rédempteur* ».
- En jetant la troisième poignée il faut dire :
  « *Au nom de l'esprit saint conciliateur* ».

Que ce sel consacré soit utilisé pour notre purification et notre protection, car notre salut est dans le nom du Seigneur qui créa les cieux et la terre.

Faites couler sur le sel environ 10 cm d'eau froide, (18° environ).

- L'eau doit vraiment vous donner la sensation d'être très fraîche ; mais ne doit pas vous donner celle d'être glacée.

Entrez dans l'eau et dites :

« *Seigneur tout puissant, toi qui as voulu qu'avant de commencer sa mission, même ton fils notre Seigneur Jésus-Christ soit purifié par l'eau, permets que nous purifiions en ton nom notre humaine nature avec ce mélange d'eau de sel* ».

En disant cette phrase (qu'il vaut mieux savoir par cœur) marchez de long en large dans la baignoire.

Continuez à marcher en faisant des allers et retours sans vous presser ; vous devez faire au moins dix allers et retours (20 longueurs de baignoire).

Ceci étant fait, asseyez-vous dans l'eau, jambes pliées. Seuls, donc, sont dans l'eau, vos pieds, vos fesses et votre sexe.

Emparez-vous du bouquet de persil ou de thym, trempez-le dans l'eau et aspergez-vous longuement tout le corps en utilisant les végétaux comme aspersoir avec l'eau en répétant :

« *Seigneur, asperge-moi avec de l'hysope et je serai blanc comme neige* ».

Ceci doit être fait à jeun au réveil. Une fois cette opération terminée, vous pouvez prendre normalement une douche ou un bain. En sortant de la salle de bain, emportez le bouquet de thym ou de persil pour le jeter à la poubelle.

Notez que ce procédé n'imprègne pas le thym ou le persil de votre éventuel maléfice. Les plantes peuvent donc être jetées comme n'importe quel autre produit mis au rebus.

Observations à propos de l'utilisation prophylactique ou préventive de ce rite : lorsque cette opération est faite à titre préventif, il n'est pas conseillé de l'accomplir plus d'une fois par semaine. Le rite, en effet, répété trop souvent, tend à perdre de son efficacité. L'impact physiologique et psychologique du rituel s'amenuise avec l'habitude ; or, cet impact est l'un des éléments qui contribue à l'efficacité de ce rituel.

Protéger vos animaux, votre jardin

Le sel peut contribuer également à rendre magiquement la fertilité à votre jardin ou à préserver vos animaux des maléfices.

Ces procédés, bien évidemment, ne sont efficaces que dans la mesure où votre jardin ou vos animaux sont menacés par une cause occulte. Ils n'auront aucune action sur un jardin mal entretenu ou des animaux mal soignés ou mal nourris.

Il en est de même d'ailleurs des procédés destinés à l'humain. Si d'un côté vous vous préservez des maléfices et, si de l'autre, vous vous nourrissez mal, n'avez pas une bonne hygiène de vie, votre santé est menacée malgré les protections occultes.

Protéger un jardin

Pour protéger un jardin, il suffit de mettre une certaine quantité de sel aux quatre coins... C'est un conseil qu'on vous donnera dans certaines campagnes avec un clin d'œil malicieux. Si vous suivez ce conseil, certes votre jardin ne sera pas maléficié, mais, comme le sel est un excellent désherbant, vous risquez d'y voir pousser assez peu de fleurs et de légumes. Voici une méthode qui permet de protéger le jardin sans pour autant tuer les fleurs et les légumes.

Il vous faut :

- quatre tubes en « béton concret », ou en terre cuite, ou encore en p.v.c. sachez cependant que les tubes en terre cuite sont préférables.
- Préparez quatre pots de verre du genre bocal à conserve munis d'un couvercle de verre.
- Préparez quatre trous pour enfouir les tubes, de façon à ménager des caches pour les pots de verre.
- La disposition des tubes obéit aux mêmes règles que la disposition des soucoupes dans une maison. Il est cependant préférable, dans le cas d'un jardin irrégulier, de faire une protection par parcelle ou par massif.

Disposition des caches dans un jardin rectangulaire ou carré.

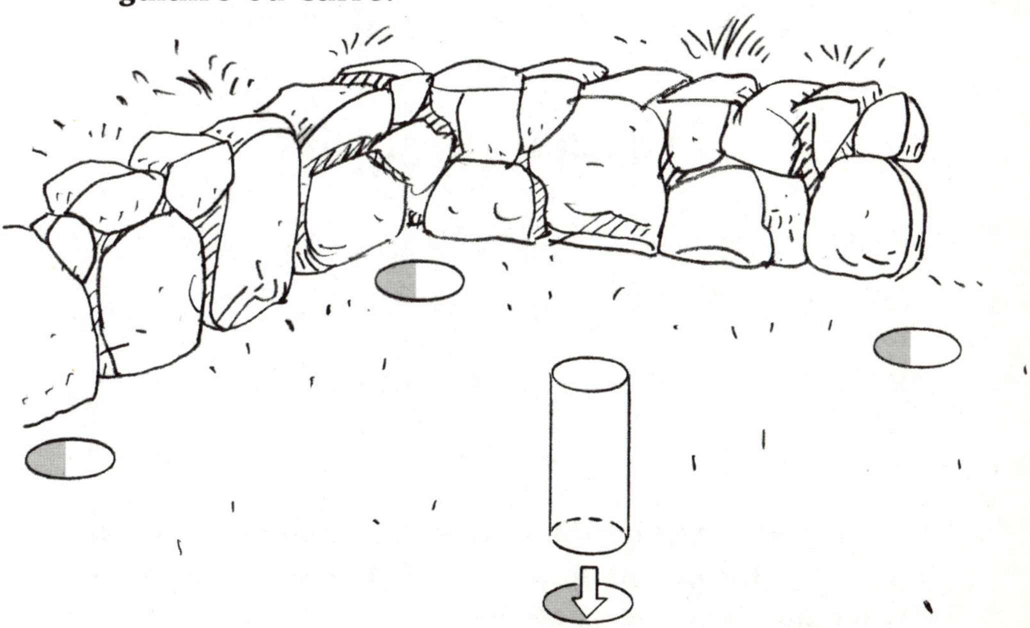

Les quatre tubes sont enfouis aux quatre coins du jardin ou de la parcelle.

- Dans ces tubes on placera des bocaux de verre emplis de sel et soigneusement bouchés.
- Ces protections, mises en place au printemps, agissent pendant un an... Jusqu'au printemps prochain, sous réserve que les bocaux soient bien bouchés.
- Il est souhaitable de munir les bocaux d'un anneau en fil de fer pou pouvoir les repêcher au printemps suivant avec un bâton muni d'un crochet.

Voyez ci-dessous le détail de la mise en place des pots emplis de sel.

Le tube, enterré dans le sol, ménage une cache pour le pot. La cache sera refermée avec une pierre plate ou une dalle quelconque.

Ci-dessous un dispositif en fil de fer qui permet de récupérer les pots au printemps suivant.

- Les tubes de poterie doivent mesurer un à deux centimètres de plus que les pots (diamètre intérieur).

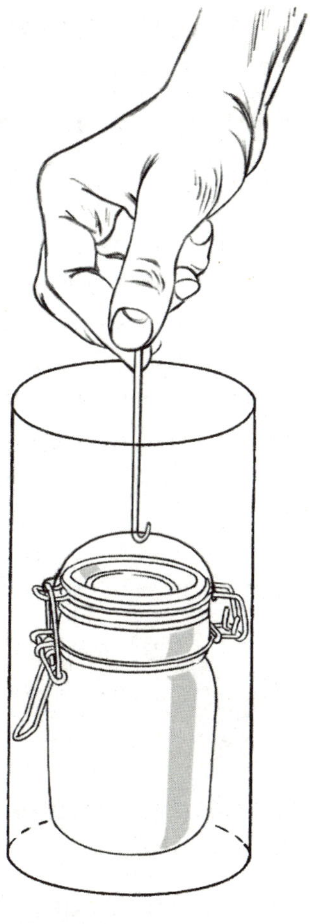

Les règles qui s'appliquent à un appartement de forme irrégulière s'appliquent de la même façon à un jardin de forme irrégulière, que celui-ci soit clos ou non, n'y change rien. Un jardin non clos a en effet une « frontière virtuelle » tracée sur un plan. C'est par rapport à cette « frontière virtuelle » qu'agiront vos protections.

Protéger une étable, une bergerie, une porcherie, une écurie... Ou une cave

Protéger une étable avec du sel est toujours un problème : les animaux sont friands de sel.

La solution qui d'ailleurs n'est pas parfaite est de placer quatre pots de sel comme dans les jardins lorsque l'étable a un sol de terre battue.

On peut également placer devant la porte un boudin ou un tuyau de matière plastique empli de sel pour remplacer les barrières que l'on fait habituellement dans les maisons.

Un boudin de matière plastique est rempli de sel et lié aux deux extrémités.

- Le sel est ainsi protégé de l'humidité.
- Cet objet est généralement réalisé avec du tube de matière plastique très souple servant à l'emballage de rouleaux de papier.
- À défaut on peut utiliser un morceau de tuyau d'arrosage fermé par deux bouchons.

Des boudins de ce type sont placés en travers des fenêtres ou de la porte de l'étable.

- Pour des raisons pratiques, le boudin peut n'être mis en place qu'au moment du passage des bêtes.
- Il faut noter que cette technique convient pour tous les lieux humides entre autres pour les caves.

Observation à propos des caves

Le vin qui est un liquide vivant peut être maléficié tout comme peuvent l'être le lait, un animal domestique ou un être humain. La chose est peu courante, mais elle est possible.

Une cave où le vin vieillissait bien depuis des générations, qui se trouve soudain, peuplée de bouteilles de vin bouchonné ou aigre peut avoir été victime de ce genre d'opération. Cela peut même arriver à des caves d'appartement dotées d'un groupe frigorifique.

Si la qualité du vin et de son embouteillage, la régularité de température et d'hygrométrie ne peuvent être mis en cause, alors, en dernier ressort, il faut envisager le maléfice.

Le sel et la maladie

Vous ne pensez pas être maléficié, mais vous êtes fatigué ou vous ne vous sentez pas en forme. Utilisez le sel consacré pour lutter contre cet état en employant l'un des procédés suivants.

Remarquez que les mêmes précautions peuvent être prises avec du sel non consacré. Il est cependant plus avantageux d'utiliser pour cet usage du sel d'exorcisme, puisque celui-ci permettra de lutter contre cette situation désagréable sur le plan physique et sur le plan occulte.

Fatigue après une longue journée de travail ou une longue marche, courbatures

Prenez un grand bain chaud (40° Celsius) dans lequel vous verserez trois grosses poignées de sel d'exorcisme.

Après le bain dans lequel il est bon de rester au moins vingt minutes, rincez-vous abondamment avec une douche à l'eau plus fraîche.

Autant le bain doit vous donner une sensation de chaleur, autant la douche doit vous rafraîchir sans que, pour autant, vous éprouviez de sensation de froid.

AUTRE PROCÉDÉ :

Utilisez un cristal de sel que vous aurez consacré comme sel d'exorcisme.

- Asseyez-vous sur une chaise droite. Votre buste doit être droit, vos jambes jointes mais non serrées, vos pieds posés à plat sur le sol.

Vous devez tenir le cristal de sel entre vos mains de la façon suivante :

- les auriculaires, les annulaires et les majeurs des deux mains sont enlacés au niveau des articulations de la troisième phalange.
- L'auriculaire de la main droite est entre l'auriculaire et l'annulaire de la main gauche.
- Pouces et index ne sont pas enlacés et servent à tenir le cristal.
- Vos coudes reposent souplement contre votre cage thoracique.

Dans cette position, vous allez plonger votre regard dans le cristal en respirant lentement et profondément.

- Pensez alors, pendant toute la durée de l'exercice que le cristal se remplit d'un « fluide » couleur d'or. Non seulement ce fluide emplit le cristal, mais il se répand alentour. Il pénètre dans votre corps par les mains et par les narines quand vous inspirez.
- Pour que le procédé soit efficace, il ne faut en aucun cas forcer ou se crisper. Il s'agit de regarder à l'intérieur du cristal sans écarquiller ou rétrécir les yeux, de respirer calmement et profondément, et de garder sa pensée fixée sur l'apparition du fluide couleur d'or.

Attention, il arrive souvent que l'on perde le contrôle mental ou que l'on modifie le rythme respiratoire au moment ou le fluide commence à apparaître.

- Si cela se produit, il faut s'interrompre puis recommencer toute l'opération.
- Notez également que l'apparition du « fluide or » est normalement discrète. Ce n'est pas à proprement parler une vision, ce serait plutôt une sensation visuelle comparable à celle que provoquent les turbulences d'air chaud. Vous ne verrez pas vraiment un « fluide couleur d'or » mais vous aurez la sensation de voir à travers le cristal et l'air qui l'entoure les objets très légèrement dorés. En fait, la sensation ne se densifie jamais suffisamment pour que l'on puisse être sûr de quoi que ce soit. De toute façon, si vous utilisez ce procédé durant environ cinq minutes, vous vous sentirez immédiatement moins fatigué.
- Notez que les personnes sujettes à des maux de dos, peuvent parfois ne pas tirer de bénéfice de ce procédé, la position étant pour elles trop pénible à tenir, même pendant un court laps de temps.

Par ailleurs, bien que cette méthode puisse soulager momentanément des fatigues pathologiques, celles-ci doivent faire l'objet d'un traitement médical.

Entorses, foulures, muscles, ou tendons douloureux

PREMIER PROCÉDÉ :

- Prenez un bain chaud localisé.
- Comptez une bonne poignée de sel d'exorcisme pour un bain de pieds.
- Vous devez laisser tremper l'articulation ou le muscle douloureux dans le bain pendant au moins 20 minutes.
- Ensuite, essuyez soigneusement le membre douloureux et bandez-le avec soin.

SECOND PROCÉDÉ :

- Prenez un cristal de sel gemme consacré comme sel d'exorcisme et frottez la zone douloureuse avec le cristal.

ATTENTION !

- Votre peau doit être **parfaitement sèche**. Il ne faut pas que votre transpiration dissolve le cristal.
- De même, le contact entre le cristal et votre peau doit être très léger, (il s'agit plus d'un effleurement que d'un massage). **Ayez soin de ne pas utiliser ce procédé sur une plaie** ! Enfin ce sont les **parties plates du cristal** qui doivent toucher votre peau. Évitez le contact avec les arêtes.

Ce second procédé est très pratique durant un voyage, lorsque l'on ne dispose pas des moyens de baigner l'articulation. Attention ! Même si ce procédé a soulagé une douleur, il est prudent en cas de récidive de consulter votre médecin.

Maladies infectieuses, épidémies

Le lavage des légumes en général et des crudités en particulier doit se faire dans une bassine emplie d'eau très salée, si possible avec du sel d'exorcisme. L'action est double.

Le sel est un excellent antiseptique, et, comme vous utilisez du sel d'exorcisme vous chassez du même coup les mauvaises influences qui peuvent favoriser la contagion. Il faut en effet observer que si le contact avec des germes infectieux était seul responsable du fait que l'on attrape une maladie, nous ne connaîtrions que des pandémies et non des épidémies. Ainsi nous aurions tous la grippe chaque année. Ce n'est évidemment pas le cas ! Donc ceux qui attrapent cette maladie ont moins de chance (en ces matières) que ceux qui y échappent.

Notez que ces précautions doivent s'ajouter à celles prônées par la médecine et non s'y substituer.

Maux de gorge, début de rhume

Même si vous avez des médicaments plus efficaces que le gargarisme à l'eau salée, il est bon de l'ajouter à votre traitement ; en effet, en utilisant le sel d'exorcisme, vous ajouterez une action occulte favorable à l'action antiseptique naturelle du sel. En conséquence, il accélérera votre guérison, et surtout contribuera à vous préserver d'éventuelles rechutes. Comptez une cuillerée à café rase de gros sel pour un grand verre d'eau tiède. Gargarisez-vous, mais, surtout, n'avalez pas !

Évidemment, cette technique est déconseillée à ceux qui pour des raisons quelconques sont tenus de suivre un régime sans sel.

Maux de tête et migraines

Prenez un cristal de sel gemme que vous avez consacré comme sel d'exorcisme.

- Faites-le tourner sept fois autour de la tête du malade (la vôtre si c'est vous qui avez mal, mais le geste demande une certaine souplesse).
- Passez le cristal sous une eau courante pendant quelques secondes.

Le mal de tête part avec la couche de sel dissoute par l'eau.

Si le mal de tête persiste, renouvelez l'opération cinq minutes plus tard… Autant de fois que nécessaire !

Observation : le procédé est efficace dans de nombreux cas, il n'est cependant pas universel.

Si le mal de tête persiste prenez un médicament adapté, ou même, si nécessaire appelez un médecin.

CHAPITRE 2

Les rites de purification par le Sel

LA purification est la grande utilisation du sel tant en magie que dans le domaine religieux. Vous devez savoir que toute utilisation de sel consacré est en soi un rite de purification.

Ainsi, il suffit si vous désirez purifier votre nourriture de la saler avec du sel consacré en disant :

Que cette nourriture soit purifiée par ce sel afin qu'en elle ne subsiste aucune impureté, aucun maléfice, aucun prestige ni l'ennemi et que lui soit rendue la pureté qui était la sienne au jour de sa création.

Vous scellerez cette purification d'un triple signe de croix tracé avec le pouce. Ce rituel sera répété trois fois de suite. Si vos opinions religieuses vous incitent à ne pas utiliser le signe de la croix (par exemple si vous êtes wiccan), vous utiliserez le signe du pentagramme.

De même tout rite consistant à répandre du sel ou à asperger un objet, une personne, un lieu avec de l'eau mêlée de sel est un rite de purification.

Notez que la purification est différente de l'exorcisme, en ce sens qu'elle s'effectue pour prévenir l'impureté. Avant toute opération occulte, il est vivement conseillé de procéder à une purification du lieu, des objets utilisés et de l'opérateur. Cette précaution diminue considérablement les risques d'infestation soit du lieu, soit de l'opérateur lui-même par des entités indésirables. Ces mêmes rituels de purification doivent également être effectués avant la mise en place d'une protection quelconque.

Bain de purification

Vous devez accomplir un rituel de magie, ou plus simplement vous vous sentez « souillé » par une rencontre, un événement, une conversation. Vous pouvez effacer les impuretés grâce à un bain de purification.

Faites couler un bain à peine tiède (25° environ)... Les spartiates peuvent même faire couler un bain froid.

Une fois le bain coulé :

- jetez trois poignées de sel consacré dans l'eau de la main droite en traçant une croix à chaque fois avec la main. Peu importe qu'il s'agisse de « grosses ou de petites poignées ». De préférence (si vous en disposez) utilisez du sel gemme, mais, en cas d'urgence du sel ordinaire fera l'affaire.

Étendez les mains au-dessus de la baignoire comme pour magnétiser l'eau, et dites :

Ma puissance est dans le nom du Seigneur qui créa les cieux et la Terre.

Seigneur tout puissant, daignez bénir et sanctifier ce mélange d'eau et de sel, afin que toute personne qui s'y baignera ou en sera lavée ou aspergée soit purifiée de tout mal du corps ou de l'âme, de toute mauvaise influence, de tout maléfice, de tout prestige de l'ennemi.

Qu'il en soit ainsi par le nom puissant du Seigneur, Amen † † †.

En disant cette dernière phrase il faut tracer avec la main ouverte vers l'extérieur trois grands signes de croix devant vous (de la hauteur de votre front à celle de votre pubis et de votre épaule gauche à votre épaule droite). Entrez ensuite dans le bain et restez-y durant au moins dix minutes.

Pendant que vous prenez ce bain, vous pouvez procéder, avec l'eau du bain, à une purification des voies respiratoires.

Purification des voies respiratoires

Le souffle, l'inspire et l'expire, sont en rapport avec l'âme et l'esprit souvent appelés **le souffle de vie**. Avec la même formule donnée ci-dessus pour le bain, consacrez un mélange d'eau et de sel dans un verre (la poignée de sel devient une pincée), et le « grand » signe de croix est remplacé par un signe de croix de taille normale.

Dites :

Que ce rite soit accompli pour la purification de mon souffle, et à travers lui, de mon âme et de mon esprit.

Prenez trois petites gorgées d'eau dans votre bouche sans avaler. Avec l'eau que vous conservez dans votre bouche gargarisez-vous longuement. Recrachez l'eau et dites :

Qu'avec cette eau s'échappe de mon corps toute impureté physique ou spirituelle et que soit chassée toute impureté de tout l'air que j'expire !

Versez dans le creux de votre main droite en trois fois une petite quantité d'eau salée. Reniflez l'eau de façon à la faire pénétrer dans votre nez. **Attention de ne pas envoyer cette eau dans vos poumons ; il s'agit seulement de laver votre nez !**

Penchez-vous vers l'avant en soufflant par le nez pour faire s'écouler le surplus d'eau. Dites :

Qu'avec cette eau s'échappe de mon corps toute impureté physique ou spirituelle et que soit chassée toute impureté de tout l'air que j'expire !

Que par ce mélange de sel et d'eau soient purifiés mon souffle, mon âme et mon esprit, qu'en soient chassés tout miasme, toute chose mauvaise qu'elle provienne de mon humaine imperfection, de l'action pernicieuse des démons eux-mêmes ou d'une quelconque œuvre de magie. Amen † † †.

Tracez trois signes de croix sur vous-même avec le pouce : un sur le front, un sur la bouche, un sur le cœur.

Si vous avez des connaissances suffisantes en yoga, et seulement dans ce cas :

- Procédez comme ci-dessus pour le gargarisme, puis rejetez l'eau de ce gargarisme par le nez.

Dites :

Qu'avec cette eau s'échappe de mon corps toute impureté physique ou spirituelle et que soit chassée toute impureté de tout l'air que j'expire et que j'inspire ! Que par ce mélange de sel et d'eau soient purifiés mon souffle, mon âme et mon esprit qu'en soient chassés tout miasme, toute chose mauvaise qu'elle provienne de mon humaine imperfection, de l'action pernicieuse des démons eux-mêmes ou d'une quelconque œuvre de magie. Amen † † †.

Purification des voies digestives

Aujourd'hui, la purification des voies digestives s'effectue simplement en salant sa nourriture avec du sel consacré. Il suffit de penser au moment de saler que l'on utilise ce sel plutôt que du sel ordinaire dans un but de purification.

Autrefois, dans les cas de graves impuretés on procédait à des lavements avec de l'eau mêlée de sel. Ce procédé fut employé en particulier par les exorcistes de l'Église au dix-septième siècle en utilisant les seringues d'apothicaire.

Les personnes qui pratiquent le yoga tantrique de la kundalini consacrent un bain d'eau salée (voire le bain de purification ci-dessus). Ils maintiennent ensuite ouverts les sphincters de l'anus en y introduisant une canule, puis s'accroupissent dans le bain de façon à faire pénétrer l'eau le plus haut possible dans leur tube digestif.

Nous indiquons ce procédé pour mémoire ! Nous tenons à faire savoir à nos lecteurs que cette pratique peut présenter de graves inconvénients médicaux et provoquer des accidents de santé. Ne la pratiquez que sous la surveillance et avec l'assistance de personnes ayant des qualifications médicales suffisantes.

L'auteur et l'éditeur déclinent toute responsabilité en cas d'accident.

Par ailleurs : ces lavages, s'ils sont pratiqués avec la méthode yogghique ne doivent jamais l'être dans une baignoire. Il faut prévoir en effet que l'évacuation des matières intestinales peut entraîner l'obstruction des systèmes d'écoulement d'eau.

Purification des organes sexuels externes

Les marabouts au cours des rites de désenvoûtement procèdent souvent à des purifications des organes sexuels par fumigation de benjoin. Il arrive même que le désenvoûtement se réduise à ce rite.

Cette pratique n'est pas sans inconvénients, la fumée du benjoin contenant de l'acide benzoïque et ayant, de ce fait, des propriétés irritantes et desséchantes.

Elle peut être avantageusement remplacée par des bains de siège dans de l'eau mêlée de sel.

Le rite à effectuer pour cette purification particulière est exactement le même que pour le bain complet.

Purification d'un lieu ou d'une maison

La purification d'une maison s'opère de la façon suivante :

- 1. Consacrez le sel gemme.
- 2. Mêlez le sel gemme à de l'eau (la quantité importe peu).

En versant le sel gemme dans l'eau dites :

Ma puissance est dans le nom du Seigneur qui créa les cieux et la terre.

Que de partout où cette eau sanctifiée par ce sel sera répandue, soient chassés tout maléfice, tout prestige des démons, que ceux-ci aient pour source l'activité des démons eux même ou une quelconque œuvre de magie. Que ceux, hommes, animaux, plantes qui vivent en ce lieu retrouvent par cette aspersion salvatrice la santé du corps et de l'âme. Amen † † †.

(Tracez trois signes de croix en versant le sel dans l'eau.)

Munissez-vous d'une branche de thym ou de laurier qui vous servira d'aspersoir et de l'eau que vous venez de consacrer.

- Partez du seuil de la porte d'entrée principale. Parcourez la maison en longeant les murs et en tournant toujours à droite. Vous ne devez jamais tourner à gauche. Devant chaque ouverture (fenêtre, porte intérieure ou extérieure), répétez la formule de consécration de l'eau donnée ci-dessus en projetant de l'eau en croix sur la porte ou la fenêtre. Notez que cette projection d'eau peut s'effectuer sur une porte (ou fenêtre) fermée ou à travers l'ouverture.

Lorsque vous êtes revenu à votre point de départ, si la porte donne sur la rue ou sur un jardin, versez le surplus d'eau sur le seuil en disant :

Que quiconque franchira ce seuil soit purifié et retrouve la santé du corps et de l'âme, que de son esprit soient chassés toute mauvaise intention, tout désir de nuire, toute chose qui pourrait troubler la paix de ceux qui résident en ce lieu. Qu'il en soit ainsi par le nom de celui qui créa les cieux et la terre. Amen.

Imaginez ou mieux visualisez une grande croix lumineuse barrant le seuil de la porte.

Si la porte donne sur les parties communes d'un immeuble collectif, procédez à une dernière aspersion au lieu de verser le surplus d'eau sur le seuil. Le surplus d'eau sera versé dans un évier ou un lavabo en disant :

Que cette eau, bien que consacrée par nos soins, soit rendue à son usage profane. Puisse-t-elle contribuer à purifier les eaux qui courent librement dans la nature.

Purification d'un objet ou d'un produit

La purification d'un objet ou d'un produit s'opère en utilisant la formule suivante.

En versant le sel gemme dans l'eau dites :

Ma puissance est dans le nom du Seigneur qui créa les cieux et la terre.

Que de partout où cette eau sanctifiée par ce sel sera répandue, soient chassés tout maléfice, tout prestige des démons, que ceux-ci aient pour source l'activité des démons eux même ou une quelconque œuvre de magie. Que tout objet ou produit qui en sera aspergé soit purifié afin qu'il ne puisse être porteur d'aucune nuisance occulte. Amen † † †.

(Tracez trois signes de croix en versant le sel dans l'eau.)

Munissez-vous d'une branche de thym ou de laurier et aspergez par trois fois en croix l'objet ou le produit à purifier.

S'il s'agit d'un produit naturel (pierre, plante séchée, extraits végétaux ou animaux, produits animaux ou végétaux), utilisez la formule suivante :

Ma puissance est dans le nom du Seigneur qui créa les cieux et la terre.

Que de partout où cette eau sanctifiée par ce sel sera répandue, soient chassés tout maléfice, tout prestige des démons, que ceux-ci aient pour source l'activité des démons eux même ou une quelconque œuvre de magie. Créature de

(Nommez le produit)

Que par cette aspersion soit chassée de toi toute présence démoniaque et que tu retrouves ainsi la pureté qui était la tienne au jour de ta création. Qu'il en soit ainsi par le nom puissant du Seigneur. Amen † † †.

Aspergez par trois fois en croix le produit ou son emballage avec l'eau consacrée.

Attention, l'aspersion peut détériorer certains objets.

- Dans ce cas, placez du sel consacré dans un tube de verre ou dans un petit flacon, et employez la formule suivante :

Ma puissance est dans le nom du Seigneur qui créa les cieux et la Terre.

Que cet objet soit purifié par les ondes salvatrices de ce sel, et qu'en lui ne subsiste aucune trace de maléfice ou d'impureté afin qu'il ne puisse nuire a aucune créature. Amen † † †.

Répétez la formule trois fois de suite en traçant à chaque fois trois signes de croix avec le tube empli de sel.

- À chaque fois, imaginez, ou mieux visualisez une lumière jaillissant du tube ou du flacon de sel et venant baigner l'objet à purifier.

Nous vous conseillons d'utiliser cette méthode pour tous les appareils électriques ou électroniques.

CHAPITRE 3

Le Sel et la magie d'argent

PARCE qu'il fut un produit précieux et lourdement imposé, le sel est un symbole de richesse. C'est également un produit qui, étant doué de propriétés physiques bien précises a des utilisations très particulières.

La bougie pour le trésor des morts

Cette bougie ne fonctionne que si ceux qui l'utilisent l'ont confectionné eux-mêmes. Elle a deux utilisations très précises :

1) La recherche des trésors.

2) L'évocation des esprits des morts.

Ces deux utilisations sont d'ailleurs liées. Si l'on s'éclaire avec ce type de bougie pendant une séance de spiritisme, les esprits des morts apparaîtront bien plus facilement.

Si l'on veut l'utiliser pour rechercher un trésor, il faut que celui-ci ait été caché dans des circonstances dramatiques, et que ceux qui l'ont caché soient décédés directement ou indirectement par suite de violences ou de persécutions...

C'est justement le cas de beaucoup de trésors enfouis...

Fabrication de la bougie

Pour fabriquer cette bougie il vous faut :

- Du sel gemme non consacré.
- Un cierge de cire liturgique.
- Une vieille casserole.
- Du fil de coton ou plutôt du cordonnet de coton blanc.
- Un tube adapté pour servir de moule à bougie... Si possible ce tube doit être en métal.
- À défaut, vous pouvez fabriquer des bougies encloses dans un verre.

1. Préparation de la mèche.

La mèche de votre bougie va être imprégnée de sel.

- Le premier travail est donc de préparer le liquide qui servira à cette imprégnation.

Pour cela vous allez vous munir :

- d'une bouteille ou d'un bocal que vous remplierez aux trois quarts avec du sel gemme ; du sel provenant des profondeurs de la terre.
- Complétez le remplissage du bocal avec de l'eau, bouchez soigneusement, agitez, laissez reposer au moins trois jours.

Le quatrième jour coupez une longueur adéquate de cordon de coton.

- Emplissez un récipient de l'eau salée que vous avez préparée, et plongez-y votre mèche de coton. Laissez-la s'imprégner de cette solution de sel.

- Au bout de dix minutes environ, prenez la mèche par une extrémité, essorez-la délicatement entre le pouce et l'index, sans presser exagérément pour ne pas la sécher entièrement.
- Suspendez la mèche à un fil pour la laisser sécher. Laissez la au moins vingt-quatre heures, elle doit être parfaitement sèche pour la suite des opérations.

La mèche est sèche :

- compte tenu de la forte teneur en sel de votre eau, il est probable que se soient formés à la surface du cordon des cristaux de sel. Éliminez ces cristaux en passant le fil entre vos doigts éventuellement protégés par un morceau de tissu.
- Le fil qui une fois sec est complètement raide doit retrouver une certaine souplesse.

Fabrication du moule :

La fabrication du moule est très simple.

- Prenez un tube de métal et un bouchon de liège adapté.
- Avec une grosse aiguille, faites passer la mèche au travers du bouchon.
- L'intérêt d'utiliser un bouchon de liège est que celui-ci se resserre sur la mèche.
- Faites attention à ne pas vous blesser en effectuant cette opération.

Percez le bouchon avec une grosse aiguille.

- Il est prudent d'utiliser un objet de métal pour pousser l'aiguille quand vous l'enfoncez dans le bouchon.

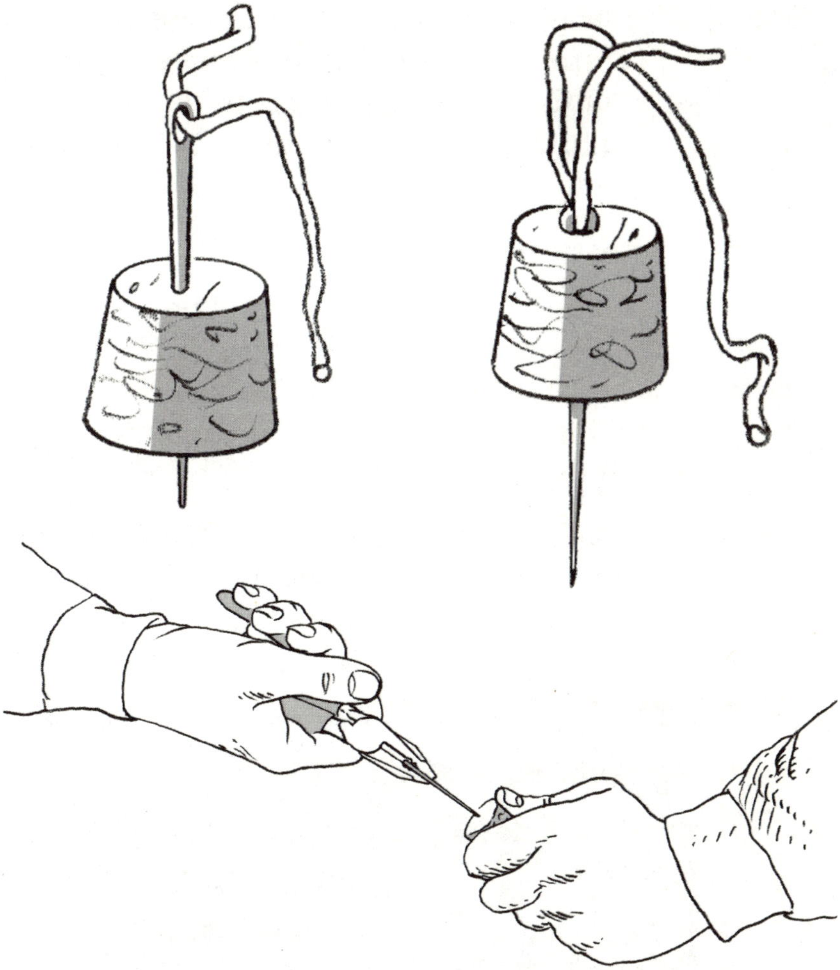

C'est le chas de l'aiguille qui enfoncé profondément dans le bouchon va coincer la mèche.

Vous allez ensuite utiliser ce bouchon pour obstruer le fond d'un tube de métal.

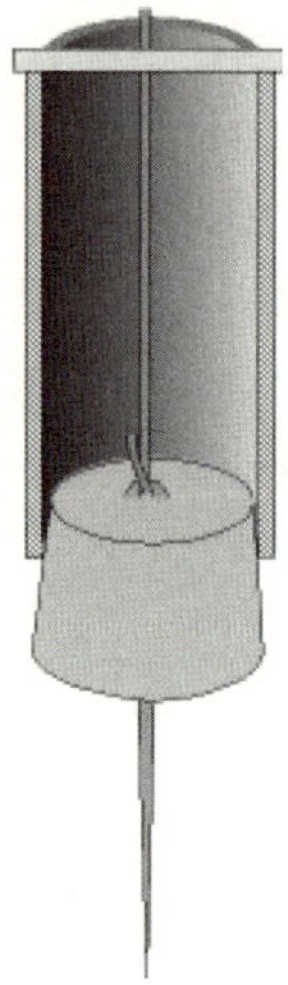

Au sommet du tube :

- la mèche est attachée à une bande de carton ou à une baguette de bois soit avec un fil, soit avec une attache trombone, voire avec une agrafe. C'est à votre choix, et cela dépend également du diamètre de votre tube, de votre habileté manuelle, du matériel dont vous disposez.

En bas :

- une fois coincée par le chas de l'aiguille la mèche est coupée court. L'aiguille restant en place servira à fixer le moule verticalement. La méthode la plus pratique que nous ayons trouvée pour ce faire est décrite par le schéma ci-dessous.

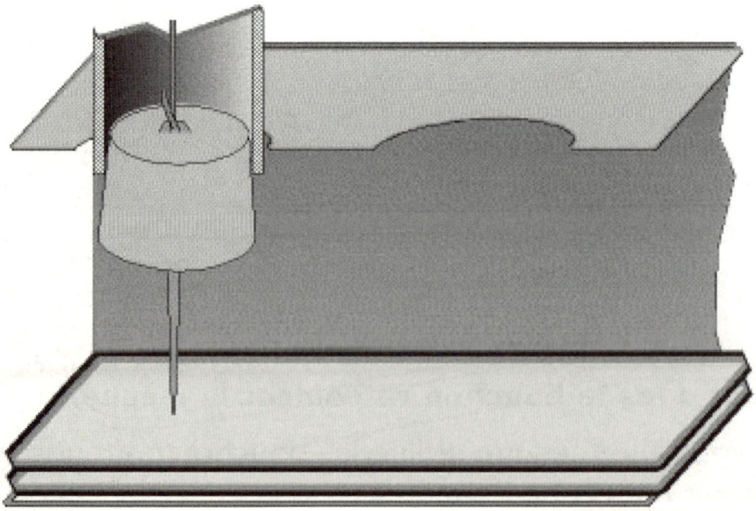

Une boîte en carton rigide dont le couvercle aura été percé de trous adéquats et le fond garni de plaques de carton ondulé tendre ou de liège ou encore de polystyrène expansé, servira de support aux moules à bougie. C'est l'aiguille qui, plantée dans ce matériau tendre maintient le moule vertical. Voyez la vue en coupe du support.

Fusion de la cire :

Pour fondre la cire, il vous faut deux récipients de métal. Par exemple une petite casserole et une sauteuse. La cire sera fondue au bain marie.

Il est pratique que le récipient ayant le plus petit diamètre soit plus haut que le récipient de grand diamètre.

Avec un marteau brisez la bougie de cire liturgique au-dessus de la petite casserole. Récupérez la mèche. Faites fondre la cire au bain marie.

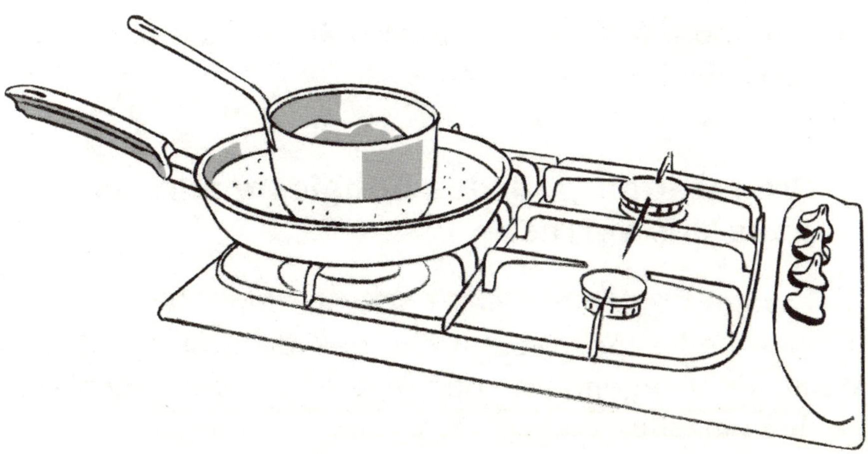

Placez les morceaux de cire :

- dans la petite casserole et faites bouillir l'eau contenue dans la sauteuse jusqu'à fusion de la cire.
- Notez que vous pouvez faire fondre la cire directement sur une plaque électrique si vous réglez celle-ci au minimum.
- **Attention, c'est long et la pièce doit être bien aérée.**
- Une fois la cire liquéfiée, il ne vous restera plus qu'à couler la cire dans les moules et à laisser refroidir vingt-quatre heures avant de démouler.

Démoulage des bougies.

Le démoulage des bougies est particulièrement délicat, même si la description du procédé est simple.

Prenez le moule :

- plongez le vivement dans l'eau bouillante, puis avec une main gantée (pour ne pas vous brûler) enlevez le bouchon qui ferme le tube. La bougie vient avec.
- Attention, le tube de métal doit être assez chaud pour que l'opération réussisse.

Préparation pour les bougies encloses dans des verres.

L'avantage des bougies encloses dans des verres, c'est qu'elles ne nécessitent pas de moules. Elles demandent cependant une préparation supplémentaire de la mèche.

Préparez une mèche salée plus longue que nécessaire.

- Faites fondre la cire comme expliqué ci-dessus.
- Une fois la cire fondue trempez la mèche dans la cire (avec des pinces) en la tenant par une extrémité.
- Laissez refroidir la mèche suspendue à un fil par une de ses extrémités.

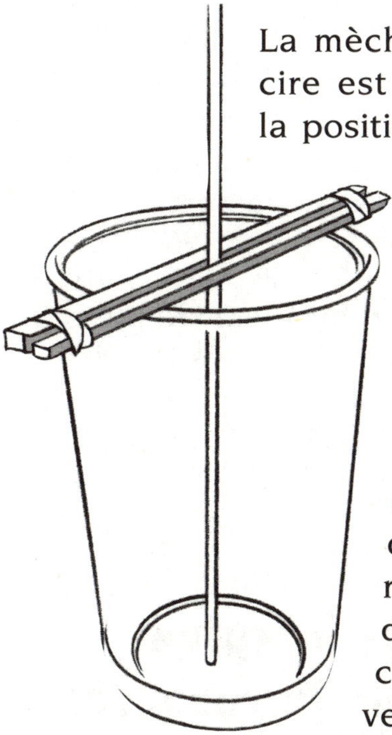

La mèche imprégnée de sel puis de cire est raide. Elle est maintenue à la position voulue par deux bâtonnets que l'on peut, par exemple, relier l'un à l'autre avec des élastiques.

La coulée de la cire se fera en plusieurs temps. On versera d'abord environ un centimètre de cire dans le fond du verre en prenant bien soin de ne pas déplacer la mèche. On laissera refroidir complètement avant de verser très vite le reste de la cire. Toute la difficulté est de verser suffisamment vite pour que toute la cire ait été coulée avant que la mèche ne puisse être déplacée par le flot de cire liquide.

Les lecteurs peu adroits, pourront couler une seconde couche d'un centimètre de cire, puis une troisième avant de couler le reste de la cire. Évidemment il faut laisser refroidir complètement entre chaque couche de cire.

Utilisation de la bougie pour le spiritisme

Il suffit d'éteindre toutes les lumières et d'éclairer uniquement la pièce avec ce type de bougies pour faciliter l'apparition des phénomènes psychiques et amplifier considérablement les phénomènes spirites. La lumière très particulière de ces bougies amplifie fortement les phénomènes d'ordre physique (déplacement d'objets ou ectoplasmie par exemple) et les phénomènes d'incorporation. Il vaut donc mieux qu'elles soient utilisées par des spirites expérimentés.

Notez que la lumière de ces bougies fera paraître noires les lèvres des participants et leur donnera un teint très pâle.

Le véritable usage de ces bougies est nécromantique. Elles sont plus particulièrement utilisées pour la recherche des trésors.

Utilisation des bougies en nécromancie pour la recherche des trésors

Plusieurs cas sont possibles. Dans le cas le plus simple, vous savez approximativement où ce que vous cherchez est caché et vous connaissez le nom de la personne qui l'a caché. Dans ce cas, vous allez faire une offrande à cette personne.

Si vous disposez de sa photo ou de son portrait, vous allez le placer sur une petite table.

- Si vous n'en disposez pas, vous allez simplement écrire son nom sur une carte et vous placerez cette carte sur l'autel.
- Notez que la personne peut n'être connue que par une partie de son nom, par un surnom, ou par un nom d'artiste. Peu importe, utilisez le nom par lequel vous la connaissez.

La photo ou ce qui représente le défunt sera placé au centre de l'autel, au fond.

- À gauche, en avant du témoin, on placera la bougie nécromantique que l'on vient de préparer.
- À droite, en face de la bougie, il faudra placer un encensoir.

Au milieu de l'autel, il faut disposer sur les pointes du pentagramme :

- une soucoupe contenant un morceau de pain ;
- un verre contenant du vin ;
- une soucoupe contenant de la viande rouge crue coupée en petits morceaux ;
- un petit vase contenant des fleurs blanches.
- Les offrandes sont disposées dans cet ordre. Comme sur le schéma ci-dessous.

Ces offrandes seront disposées chaque soir après le coucher du soleil et jetées chaque matin avant le lever du soleil.

- Notez que les offrandes ne sont pas « quantitatives » ; il est inutile de mettre une brassée de fleurs et un kilo de viande crue... Ce qui compte c'est qu'elles soient répétitives. En revanche, les fleurs et la viande doivent être fraîches et le vin doit être de bonne qualité.

Ces offrandes sont disposées en **pentagramme inversé** sur le pentacle ci-dessous.

Disposition de l'autel.

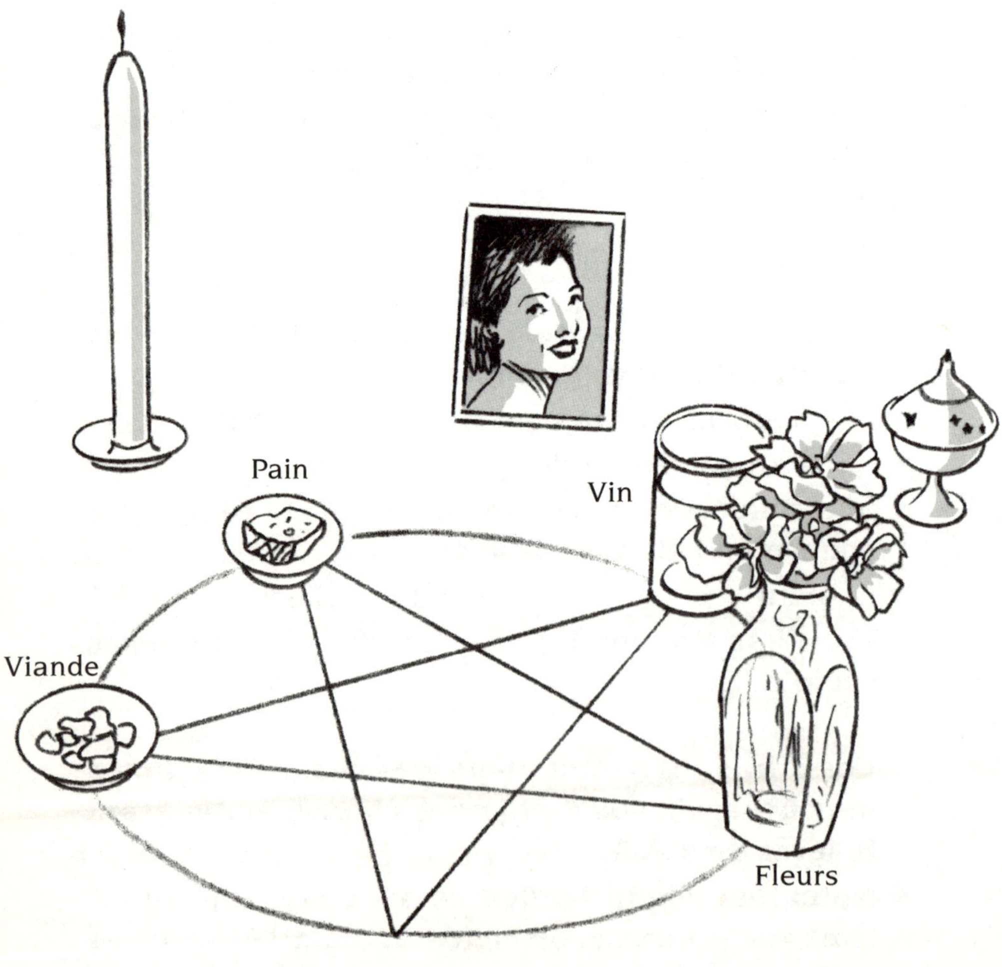

De préférence le cercle et l'étoile à cinq branches doivent être tracés à main levée d'un seul trait avec un morceau de charbon de bois ou un fusain. Vous pouvez les dessiner sur une feuille de papier à dessin.

Dans le brûle parfum, vous brûlerez sur des braises, un mélange d'encens, du santal blanc et de la myrrhe à parts égales.

Le rituel

PREMIER JOUR :

- disposez le matériel après le coucher du soleil. **Dites ensuite une prière pour le repos de l'âme du défunt.**

En effet selon de nombreuses traditions, si une personne meurt en laissant un trésor caché, son âme reste éternellement attachée à ces biens matériels. C'est elle et non les gnomes qui garde le trésor. Elle n'est libérée de cet esclavage que quand une personne a trouvé le trésor ou quand celui-ci a été remis aux personnes à qui il était destiné. Cela ne vaut que pour les biens personnels qui auraient pu être ainsi dissimulés.

Si vous habitez près du cimetière où ce personnage est enterré :

- vous pouvez, le matin, (c'est même conseillé) aller déposer la fleur sur sa tombe au lieu de la jeter avec la viande et le pain.

Vous allez répéter ce rituel pendant trois jours sans rien y ajouter :

- l'offrande disposée en silence et la prière.

- Attention, nous ne vous proposons pas de texte de prière. Cette magie fait appel à l'émotion ! C'est vous qui devez l'improviser, l'inventer ; et, de plus, vous devez la dire avec sincérité, en pensant vraiment aux malheurs d'une âme ainsi maintenue dans le monde matériel.

LE QUATRIÈME JOUR :

- vous allez prendre une feuille de papier, votre plus belle plume, et écrire au défunt pour lui demander le trésor…

Il faut expliquer :

Je prie chaque jour pour votre libération mais vous ne pourrez être vraiment libéré que lorsque le trésor que vous avez caché et dont vous avez la garde aura été trouvé par un vivant. Je désire trouver ces objets (ou cet argent)… Et là, il faut expliquer pourquoi vous voulez trouver le trésor.

Attention ! Il ne suffit pas de dire : *je veux cela parce que je suis pauvre*, ou *je veux cela parce que je veux être plus riche*. Il faut avoir un vrai projet, un vrai motif, et si possible un projet ou un motif que le défunt de son vivant eut trouvé légitime. C'est le point le plus délicat de l'opération. De la nature de vos motivations dépend votre succès.

Cette lettre, vous allez la placer au soir du quatrième jour au centre du pentacle, et, à partir de ce soir-là, vous ajouterez à la prière pour l'âme du défunt l'oraison ci-dessous.

Seigneur Dieu Tout puissant, vous qui avez créé les cieux et la terre et régnez en maître éternel sur les morts comme sur les vivants, vous qui avez instauré les lois, nous vous supplions pour votre serviteur untel (le prénom et le nom du défunt). Daignez Seigneur permettre que lui soit accordée une prompte libération. Permettez donc que son esprit enchaîné ici bas à des biens matériels me fasse connaître leur emplacement afin qu'en les ramenant au jour, je libère son âme de sa captivité. Permettez-nous donc Seigneur d'entrer en contact avec l'âme de ce défunt afin que nous puissions mettre fin à ses souffrances et que son âme trouve enfin le repos auprès de vous. Ainsi soit-il.

Il faut répéter ce rituel chaque jour, après le coucher du soleil pendant quatre jours.

Quand ceci est fait, il n'y a plus qu'à attendre. Si le trésor existe réellement, s'il n'a pas été récupéré par quelqu'un, si enfin vos motivations étaient correctes, vous rêverez l'emplacement du trésor ou vous trouverez fortuitement un indice ou même il se produira un incident qui vous permettra de le situer et de le trouver.

Ce procédé fonctionne en particulier pour le magot ou l'argenterie caché par un ancêtre dans la maison familiale ou enterré dans le jardin…

Sachez néanmoins que ces histoires de famille sont parfois des légendes et que la valeur des objets est souvent très surestimée par ceux qui rapportent ces traditions familiales.

La plupart de ceux qui voudront utiliser cette bougie rechercheront probablement un trésor dont ils connaissent peut-être l'existence, mais qu'ils ne peuvent rattacher à aucun défunt particulier. Il ne manque pas de villes ou de villages d'Europe où il existe une légende et de fortes présomptions d'existence d'un « trésor des protestants » (caché au moment des guerres de religions), d'un trésor des moines (caché au moment de la révolution française) ; sans compter les innombrables « trésors de brigands » et bien évidemment l'introuvable « trésor des templiers ».

Dans ce cas, le rituel est différent. Si le groupe dont vous recherchez le trésor a un symbole connu (par exemple pour les protestants c'est une croix à branches égales à laquelle est accrochée la colombe du Saint Esprit), il vous faudra placer ce symbole à l'endroit exact où vous aviez placé le témoin du défunt.

Les offrandes que vous aviez posées sur le pentacle seront remplacées par la bougie, de l'eau, du sel, et le brûle parfum.

Si le symbole de cette communauté est représenté par un bijou, on placera une planchette verticale ou oblique comme sur le dessin ci-contre et on y accrochera le bijou. Un petit cadre à photo, par exemple, peut servir à cet usage.

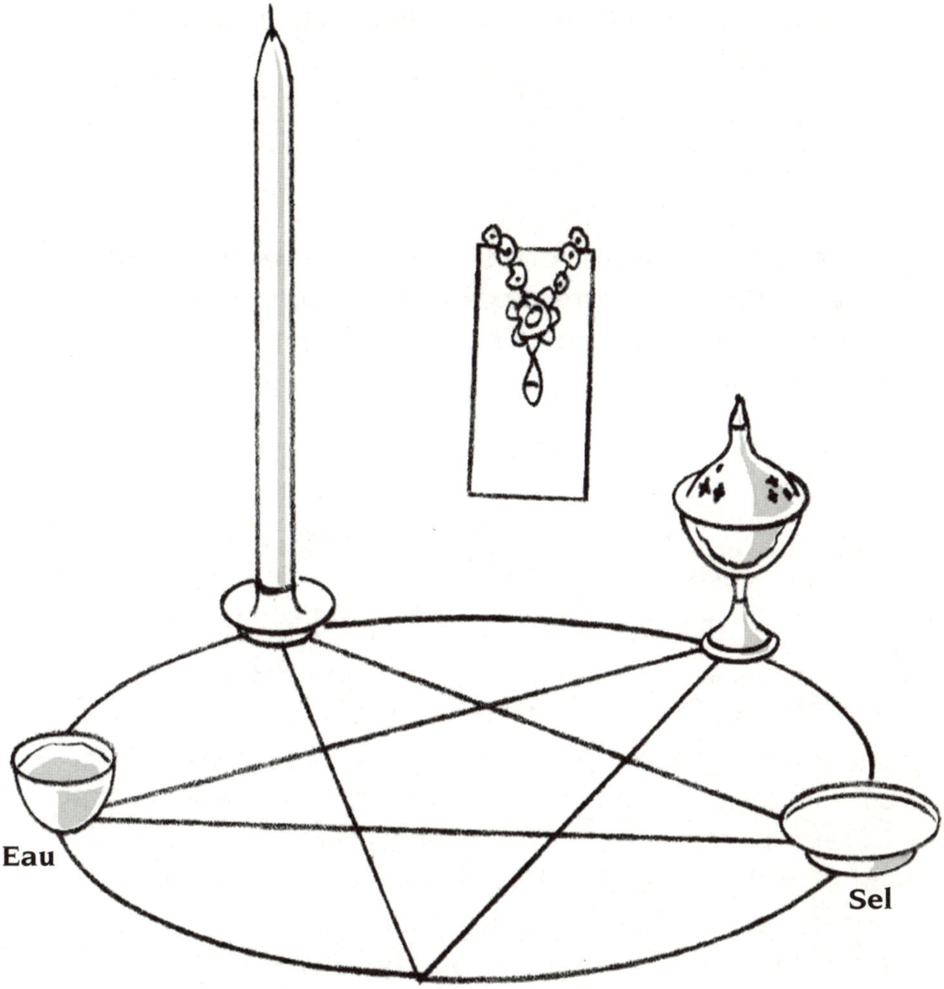

Le rituel sera peu différent. À la place de la prière improvisée, vous direz la litanie des saints en entier.

Si le trésor a été caché par un individu inconnu ou perdu (par exemple à la suite d'un naufrage) :

- vous direz simplement la litanie des saints et le « N*otre Père* ». N'oubliez jamais que ces prières sont dites pour le défunt.

Vous écrirez la lettre en désignant le défunt par ces mots :

Toi l'âme enchaînée pour qui je prie chaque jour, toi le gardien de...

Si le trésor a été caché par une communauté :

- vous direz la litanie des saints, ensuite vous improviserez une prière pour la communauté qui a caché le trésor.

Là encore il ne faut pas commettre d'erreurs. Par exemple, si nous supposons que vous recherchez le « trésor des templiers », vous pouvez prier de deux façons, suivant que vous supposez que ce qui fut reproché aux templiers était vrai ou faux.

Si vous priez comme si les templiers avaient été coupables et que ce n'est pas le cas ; votre rituel ne fonctionnera pas ; parce que vous n'êtes pas en harmonie avec ce que vous invoquez... De même, s'ils l'étaient et que dans votre prière vous les supposez innocents, votre rituel échouera parce que vous ne serez pas en harmonie avec ce que vous évoquez. Mais direz-vous comment puis-je être sûr de ce que j'avance dans ma prière ? À cette question, on ne peut donner qu'une seule réponse : il n'existe aucun moyen d'être sûr de ce que vous avancez ! C'est à vous de découvrir la vérité avec votre cœur.

LE TROISIÈME JOUR :

- vous écrirez la lettre en vous adressant à la communauté et en expliquant en quoi vous pensez qu'il est légitime que vous trouviez cet héritage.

- Attention, là aussi vos buts doivent être en accord avec les objectifs qui furent ceux de la communauté en question.

Vous ne ferez pas allusion à des âmes retenues dans la matière. Pour un trésor communautaire, il n'y en a pas.

Vous ne laisserez pas la lettre sur l'autel. Vous la brûlerez en disant :

« Que ce message soit confié à l'élément du feu et qu'il parvienne à ceux à qui il s'adresse »...

Vous continuerez les prières chaque jour comme dans tous les autres cas.

Pourquoi le pentagramme est-il orienté « à l'envers » ?

Le pentagramme n'a pas d'orientation propre. Simplement, sa signification est différente suivant qu'il est orienté dans un sens ou dans l'autre. Dans ce cas particulier, vous tentez d'entrer en contact avec des défunts dont une partie de l'âme n'a pas été détachée de la matière. Vous ne cherchez pas à « monter », vous cherchez à libérer des « âmes qui sont descendues ». Vous ne demandez pas à des forces spirituelles de descendre vers vous, vous tentez de projeter votre propre force spirituelle vers le bas pour libérer des êtres qui sont plus emprisonnés que nous dans la matière, (même s'ils ne nous paraissent pas matériels). Votre action est inverse de celle que vous faites habituellement ! D'habitude vous invoquez, ici vous

vous projetez en direction d'êtres qui ne vous ont pas invoqué. Notez que ce pentagramme inversé horizontalement (sa pointe est tournée vers l'Ouest théorique au lieu de l'Est) **n'a aucun caractère maléfique, sauf, bien entendu, si vous lui en attribuez un**. Simplement, au lieu de projeter la « lumière » sur vous-même, vous la projetez vers le bas, et ce, par l'intermédiaire des quatre éléments. Dans le cas d'un trésor ayant appartenu à une communauté, vous utilisez ces « forces » pour dissoudre une « forme pensée » qui a été enchaînée dans la matière.

Manière de tracer le cercle et l'étoile

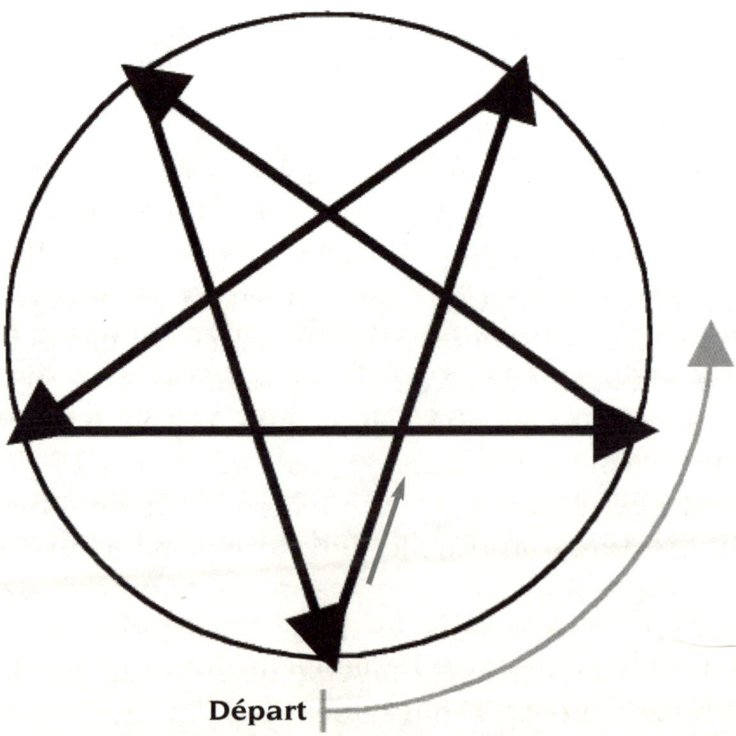

Le cercle doit être tracé dans le sens inverse des aiguilles d'une montre à partir du point de départ de la flèche grise sur le schéma.

Après avoir refermé le cercle, et sans que le fusain ou le charbon de bois quitte le papier, il faut tracer l'étoile à cinq branches. Cette façon de tracer le pentacle est rituelle en nécromancie. C'est votre geste qui compte et non la perfection de votre tracé. Il est évident que votre cercle ne sera probablement pas très rond ; et votre étoile pas très régulière. Sachez que ces imperfections font également partie du rituel.

Dernière utilisation de cette bougie : « vous savez tout ! » qui a caché le trésor, où il a été caché et dans quelles conditions... Cependant, malgré ce savoir et une exploration des lieux avec un matériel adapté, vous n'avez rien trouvé.

Dans ce cas, il est probable que le « trésor a été trouvé ». C'est probable, mais ce n'est pas certain. Placez donc une bougie nécromantique dans une lanterne, et explorez de nouveau les lieux à la lueur de cette seule lumière ; bien qu'assez faible, elle peut vous faire remarquer des choses que vous ne pourriez voir avec une autre source d'éclairage. Évidemment, cela ne doit pas vous empêcher de vous munir d'autres sources d'éclairage que vous utiliserez avant de l'allumer et après l'avoir éteinte.

Reste une question évidente : que peut bien vous faire découvrir cette faible lueur que vous n'auriez pu voir avec une puissante lampe torche ?

Du point de vue purement optique, cette lumière ne vous montrera rien de plus. En revanche, elle stimulera votre psychisme en vous permettant de voir tout ce qui échappe à une grande lumière physique, elle vous permettra d'entrer en harmonie et de communiquer mentalement avec celui qui veille sur ce que vous recherchez.

Néanmoins, si vous êtes émotif ou cardiaque, abstenez-vous d'utiliser la bougie de cette façon, cela pourrait être dangereux ; non à cause du caractère maléfique ou agressif d'une quelconque entité ; mais en raison de votre émotivité elle-même. Les esprits gardiens ne sont pas dangereux par eux-mêmes, mais ils provoquent souvent chez les humains, par leur nature même, un sentiment d'angoisse. C'est normal puisque leur rôle est d'éloigner les fouineurs.

Le sel et l'argent des vivants

Il faut bien se rendre à l'évidence, l'argent vient toujours d'un autre. Il y a toujours quelqu'un qui paye et quelqu'un qui est payé. Tout gain d'argent est le résultat d'un échange d'un bien ou d'un travail contre de l'argent. C'est vrai dans tous les cas, sauf dans celui des jeux de hasard où le gagnant empoche tout ou partie de ce que d'autres ont dépensé (les perdants) ; encore que, dans ce cas, on pourrait dire que tous ont payé pour de l'espoir et le plaisir du jeu.

Pour mettre toutes les chances de votre côté : placez votre photo au centre d'un pentacle de chance

Qu'il s'agisse de jeu de hasard, de travail ou d'affaires, la chance, **votre chance** joue un rôle décisif. Vous pouvez bien avoir le meilleur produit, être le meilleur vendeur, et rater une affaire d'or pour un stupide coup du sort. Combien d'affaires ne sont pas conclues à cause d'un encombrement, d'un accident, d'une panne de voiture ou d'un retard de train ? Combien d'affaires tombent-elles à l'eau parce que la cravate ou les chaussures du négociateur déplaisent à son interlocuteur ? Nul ne le saura jamais ! Ceux qui pensent que l'auteur exagère doivent savoir qu'il y a quelques années un célèbre avionneur ne concluait jamais d'affaires avec une personne qui portait du vert. L'avionneur était superstitieux ! Ainsi l'acceptation de vente ou d'achats souvent très importants a-t-elle été suspendue durant toute sa carrière à un détail vestimentaire... Encore, si dans ce domaine n'intervenait que la superstition, il serait facile de se documenter ; mais aux superstitions il faut ajouter les a priori et les lubies. Il y a ceux qui ne supportent pas les mocassins, et ceux qui détestent les chaussures à lacets. Il y a ceux qui pensent que les chemises blanches « font ringard » et ceux qui trouvent que les chemises de couleur sont réservées aux hurluberlus. Ce sont souvent sur des détails de ce genre que se joue finalement la conclusion d'une affaire ou l'embauche d'un salarié. Vous pouvez bien penser que c'est injuste ou stupide, cela n'y changera rien ! La dernière décision est toujours prise par un homme seul, et dans notre société de concurrence où les choses se jouent souvent dans un « mouchoir de poche », c'est bien souvent un critère subjectif qui emportera la décision. Ce critère peut même ne pas être conscient, se traduire simplement par une phrase telle que : « *Monsieur x me paraît plus dynamique ou plus sérieux que Monsieur y* ». Et bien souvent, si vous demandez à la personne qui a prononcé une telle phrase sur quels critères elle se base pour formuler cette appréciation, elle vous répond : « *je ne sais pas, c'est une impression* ».

Évidemment, il ne faudrait pas croire que les décisions d'embauche ou d'affaires ne dépendent que de choses de ce genre ! Ce n'est pas le cas évidemment ; celles-ci n'interviennent qu'en plus de tous les autres critères, au dernier moment, une fois que vous avez franchi tous les obstacles, quand le choix n'est plus qu'une question subjective, un « oui » à dire à une personne ou à une autre.

C'est une question de chance pure, parce que le critère personnel, occulte, vous n'avez aucun moyen de le connaître. Bien souvent, il n'est même pas connu du décisionnaire lui-même !

De fait, pour vous, c'est une question de chance ou de poisse ! Exactement comme lorsque vous choisissez un ticket à gratter dans l'espoir de gagner une certaine somme d'argent. Il peut bien y avoir devant vous un ticket gagnant et que vous preniez juste celui qui est à côté.

La différence entre les deux, c'est qu'en matière d'embauche ou d'affaires, quand le hasard intervient, vous avez en général une chance sur deux ou trois de gagner ; alors que, quand il s'agit de jeu vous n'avez souvent qu'une chance sur plusieurs millions. La conséquence, c'est que les procédés que nous vous proposons ici sont bien plus souvent efficaces quand vous les appliquez au travail que quand vous les appliquez au jeu.

1 Protégez votre maison :

Pour mettre toutes les chances de votre côté, il est essentiel d'abord d'avoir protégé votre maison. La malchance, la poisse, est un maléfice, et qui plus est un maléfice contagieux. En protégeant votre maison comme indiqué au chapitre précédent, vous protégez votre chance.

2 Protégez vous, vous-même :

À quoi servirait-il de protéger votre maison si vous ne vous protégiez également ? Dans la rue, au travail, un regard envieux, une pensée hostile, peut suffire à écorner votre chance ! Oh, ce n'est rien ! C'est comme une éraflure d'ongle sur la carrosserie d'une voiture neuve, cela écorne à peine votre chance naturelle, et seulement pour quelques heures. Vous avez raison de penser cela, mais justement, la « poisse », ce qui fait perdre, c'est de se trouver en concurrence au moment où la chance intervient avec une personne qui a juste un petit peu plus de chance que vous ! Reportez-vous donc au chapitre précédent pour savoir comment vous protéger.

3 Renforcez votre chance :

Quand vous aurez pris ces précautions, et seulement quand vous l'aurez fait, vous pourrez envisager de renforcer votre chance en matière d'argent.

Pour ce faire, il vous faut tracer un « mandala » assez grand, enfin suffisamment grand pour que vous puissiez y placer votre photo posée sur deux cristaux de sel. Vous pouvez dessiner avec un crayon ordinaire sur une feuille de papier blanc, mais il est plus facile pour la suite du rituel de le tracer sur une feuille de papier noir (ou de couleur sombre) avec un crayon blanc. En effet, pour obtenir la chance, il va vous falloir recouvrir de sel fin votre tracé, exactement comme le font les bouddhistes et les hindouistes quand ils tracent leurs mandalas (ou les vaudous quand ils tracent un « vévé »). Nous n'en sommes pas là, il nous faut encore énumérer les détails de l'image. Notez que si vous ne disposez pas d'une très grande table, et d'une très grande feuille de papier, il vaut mieux utiliser une photo d'identité, voire une photo au format « timbre ».

Tracé du dessin préliminaire :

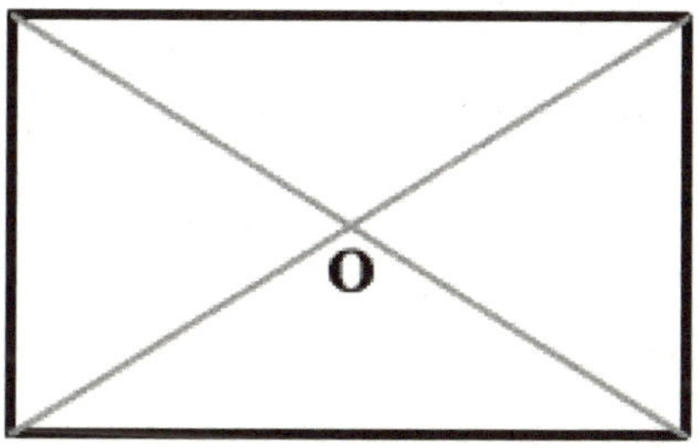

Votre table est supposée être orientée à l'Est. Déterminez le milieu de la feuille en traçant (avec un crayon très fin et dont le tracé est facilement effaçable) les deux diagonales pour déterminer le point O (centre). Ces deux traits sont des traits de construction, nous les traçons en gris, parce que vous devrez pouvoir les effacer.

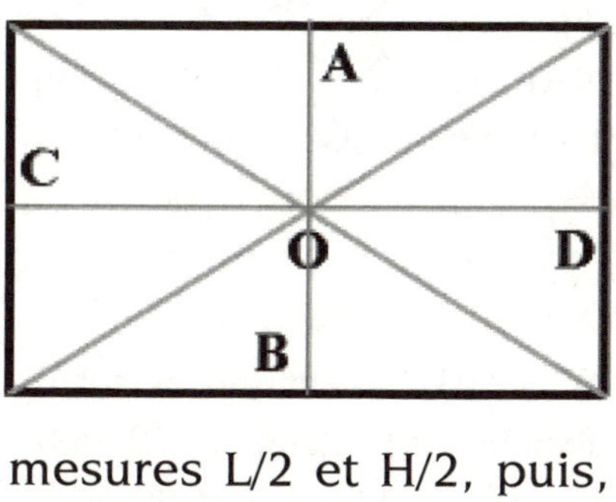

Avec une équerre, tracez les médianes AB et CD, mesurez la longueur (L) et la hauteur (H) de votre photo. Notez ces deux valeurs et divisez-les par deux pour obtenir les mesures L/2 et H/2, puis, en prenant le point A pour origine des mesures tracez deux repères m et n à une distance égale à l/2.

À partir de C, et en prenant C pour origine des mesures, et à une distance L/2, tracez les deux repères o et p .

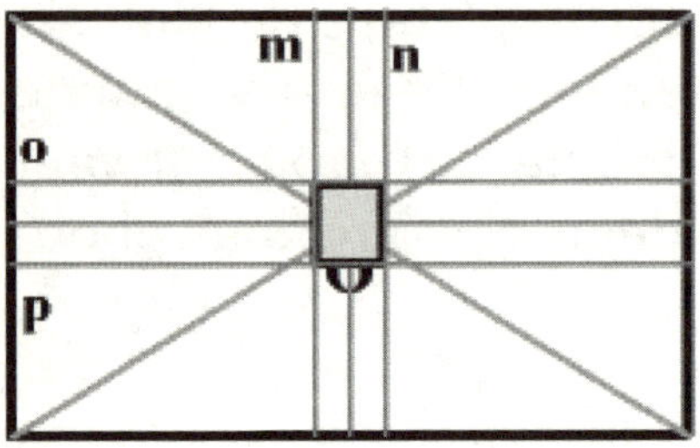

Le but de cette opération est de tracer au centre de la feuille un cadre à la taille exacte de votre photo. Sur l'illustration ci-contre, votre photo a été posée sur le cadre (c'est le petit carré gris clair). Pour plus de clarté, nous avons supprimé les lettres A, B, C, D.

Avant de passer à l'étape suivante, effacez comme ci-dessous les traits inutiles.

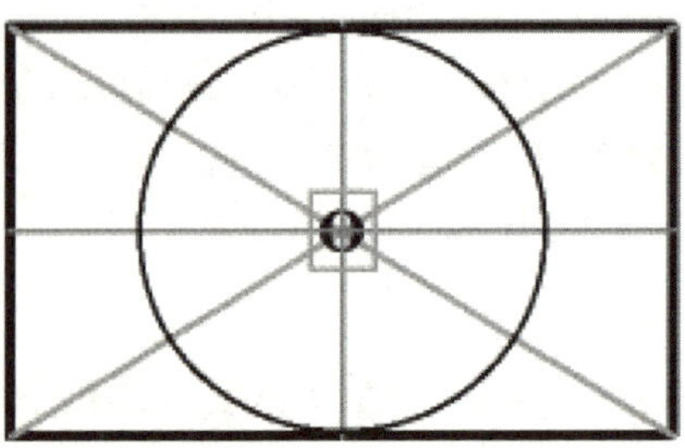

En prenant le point O pour centre, tracez, avec un compas le cercle le plus grand possible.

Tracez ensuite un pentagone, puis une étoile à cinq branches sur le cercle, vous devez obtenir le résultat ci-dessous.

Sur notre schéma, le pentagramme et le pentagone sont tracés en noir, ainsi que le cercle, car ce sont des traits définitifs. Autrement dit, des traits que vous devrez repasser avec du sel fin.

Préparation du rituel :

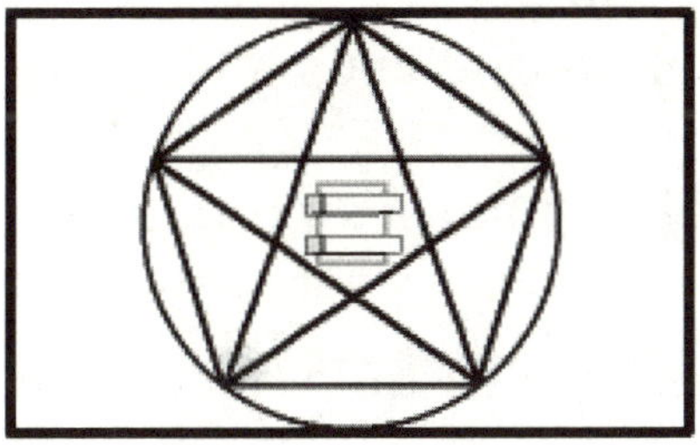

Il faut maintenant trouver deux cristaux de sel qui soit approximativement de la taille de la largeur de la photo (sa plus petite dimension). Vous allez poser ces deux cristaux sur l'emplacement prévu pour la photo. Ils vont lui servir de support. Vous pouvez comme sur notre schéma effacer les traits de construction.

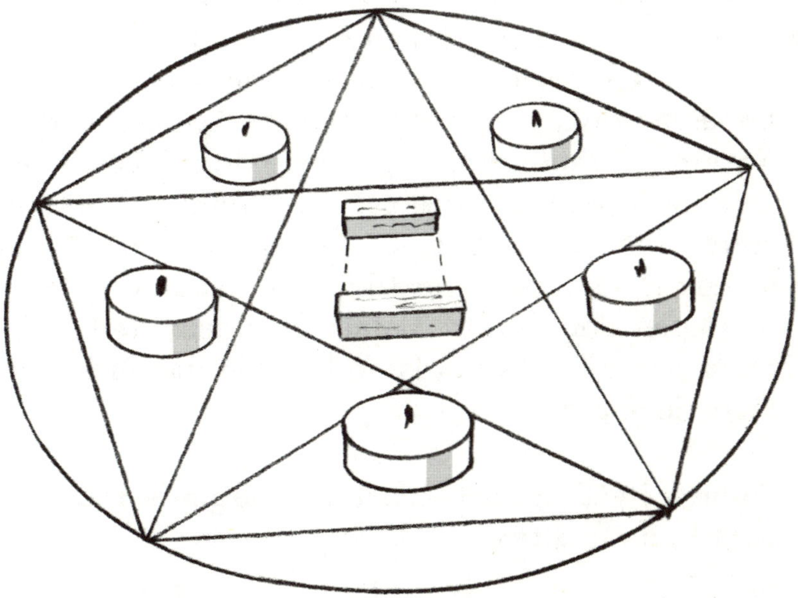

Il faut également disposer cinq bougies (du type bougies pour chauffe-plats) comme indiqué sur le schéma ci-contre. Avec de grandes bougies, vous ne parviendriez pas à accomplir le rituel. Notez que les bougies de chauffe-plats remplacent ici des lampes à huile.

Il faut également vous munir :

- d'une bougie ordinaire, qui servira à allumer les bougies disposées sur ce schéma ;
- une coupe contenant le sel fin que vous allez utiliser pour ce rituel ;
- la photo que vous allez placer sur les cristaux de sel.

Tout est prêt, il ne vous reste plus qu'à accomplir le rituel.

Le rituel :

Précisions concernant l'orientation :

- Le haut sur les schémas correspond (quelle que soit l'orientation réelle de votre pentagramme) à l'Est. L'opérateur (vous) se tient à l'Ouest. Le Sud est donc à votre gauche et le Nord à votre droite. Les points cardinaux sont ici virtuels. Il est inutile d'orienter votre schéma à la boussole. Cela serait même nuisible, car autant que possible, les bords de la feuille de papier doivent être parallèles à ceux de la table et, si possible, les bords de la table, parallèles aux murs de la pièce.

Face à l'est, mains écartées, paumes tournées vers le haut dites :

Ma puissance est dans le nom de celui qui s'engendrant lui-même créa les cieux et la Terre, les mondes visibles et invisibles, les êtres de matière et les êtres d'esprit, dans le nom de celui qui fit toutes choses.

Joignez les mains, faites un temps de silence (au moins deux respirations) et dites :

Gloire lui soit rendue, à lui qui créa l'espace et le temps. Que sa louange soit dans le cœur de tous les êtres !

Gloire lui soit rendue, à lui qui créa la lumière et la parole. Que toutes les créatures louent sa lumière et qu'elles écoutent avec dévotion sa parole !

Qu'on le cherche celui qui n'est nulle part, ni dans les champs étoilés, ni sur les terres fécondes, ni dans les eaux profondes. Que toutes ses créatures le cherchent sans cesse car il est lumière et sagesse !

Il est la vie, maintenant et toujours, il est la force de toutes ses créatures, il est la beauté des mondes. Qu'il soit glorifié en tous temps et par tous et que chacun ait l'esprit constamment tourné vers lui car il est la source de toutes perfections !

Il rêve et le monde est, il s'éveille et le monde n'est plus ! En lui nous trouverons la suprême sagesse, en lui est l'unité.

Faites un temps de silence puis emparez-vous de la bougie ordinaire qui a été allumée avant le rituel.

Allumez la bougie la plus à l'Est en disant :

Que cette faible lumière visible soit à l'image de ta lumière éternelle qui se répand de monde en monde, qui baigne ta création, qui donne vie à tous les êtres.

Allumez la lumière la plus au Nord en disant :

Que cette faible lumière glorifie la tienne, comme la glorifie le Soleil au plus haut de sa course, qu'elle s'élève vers toi et te porte nos désirs.

Allumez la bougie la plus à l'Ouest en disant :

Elle transmet ta lumière dans les ténèbres de la nuit, elle est celle qui marque les temps, fait croître les tiges et les racines, soulève les eaux ! Que cette faible lumière soit semblable à ce reflet de ta puissance et que comme elle, elle traduise tes lois.

Allumez la bougie la plus au sud en disant :

Au sein même des ténèbres, jusqu'au plus profond des enfers, pénètre ta lumière. Au cœur de la matière, dans le corps, le métal, elle est présente ! Que cette faible lueur contribue à son image à répandre ta gloire sur toutes les choses et les êtres.

En portant les paumes vers l'avant comme pour bénir les bougies :

Que ces cinq lumières soient la porte des mondes, celles des divinités et des hommes !

Faites un temps de silence.

Prenez une grosse pincée de sel dans la main droite, et, tracez le pentagone en partant du point le plus à l'est et en allant vers le Nord (sens inverse des aiguilles d'une montre).

En revenant à votre point de départ dites :

Astres errants qui dispensez la fortune et l'infortune, les qualités et les vices, l'intelligence et la stupidité.

Que cette porte soit ouverte vers vous.

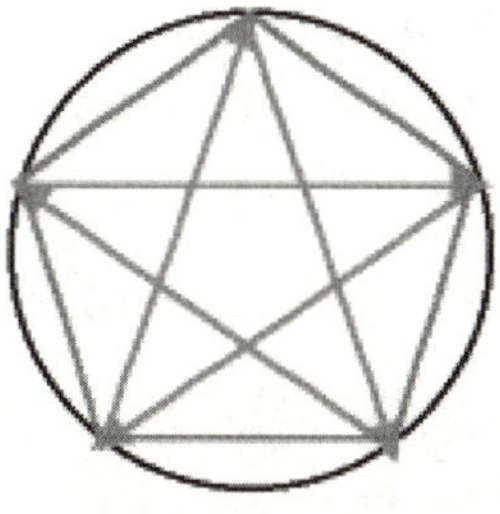

Reprenez du sel et tracez le pentagramme dans le sens des aiguilles d'une montre (vers le Sud) en disant :

Esprits des éléments de l'éther, esprits des vivants et des morts, que cette porte vous soit ouverte !

Revenant à votre point de départ, reprenez du sel, et tracez le cercle extérieur dans le sens des aiguilles d'une montre en disant :

Astres fixes, sphères élevées et invisibles, vous qui gouvernez le destin de peuples entiers, que cette porte soit ouverte aux divinités et esprits qui président à vos mouvements.

Étendez les mains de part et d'autre des bougies, à environ dix centimètres au-dessus des flammes, comme pour prendre un ballon de la taille du cercle qui serait suspendu dans l'espace.

Dans cette position, inspirez profondément et dites :

Seigneur, souverain créateur des mondes, toi qui as fait le sage et le fou, et tous les autres, tu m'as créé avec le goût des choses simples.

J'admire la sagesse de tes ascètes, la constance de tes dévots sous quelque nom qu'ils te prient ; mais je n'ai pas reçu leurs goûts en partage.

J'aime les choses simples, l'éclat de l'or, de l'argent ou d'une belle pierre.

J'aspire au plaisir et à faire bonne chère ;

J'aime rire et susciter la joie, j'aime la fête ;

Je te vois seigneur dans un arbre en fleurs, dans un monceau de fruits ;

Dans les herbes bien vertes et les sombres forêts, dans les montagnes et les vallées,

Dans le sourire d'un enfant, dans les jeux des oiseaux,

Car tout ce monde est tien, c'est ton rêve, c'est toi qui l'a créé.

Tu as fait l'homme sage et l'homme futile, celui qui se contente de peu et celui qui aspire à beaucoup.

Tu distribues les épreuves et les joies, la malchance et la chance.

Seigneur, toi qui peux tout et qui as accordé à l'homme puissance sur tous les esprits, daigne m'accorder par cette porte que j'ai ouvert en ton nom, pouvoir sur les esprits de tous les mondes visibles et invisibles.

Et vous esprits de tous les mondes visibles et invisibles, qui entrez et sortez par cette porte. Que vous veniez des cieux les plus lointains ou des abîmes les plus profonds, sachez que j'y suis placé en gardien au nom de notre créateur, et que vous n'entrerez ni ne sortirez si vous ne payez la dîme.

Placez votre photo sur les deux cristaux de sel. Peu importe que celle-ci soit un portrait ou une photo en pied, peu importe. En revanche les cheveux doivent être tournés vers l'Est.

Faites un temps de silence puis ajoutez :

En passant cette porte, dans un sens ou dans l'autre, chacun devra me donner un dixième de la chance qu'il apporte ou qu'il emporte afin que soient payés le sel et la lumière de cette porte ; afin que grâce soit rendue chaque jour au souverain créateur des mondes qui fit la lumière et les ténèbres, qui est toutes les divinités quel que soit leur nom, qui a créé tous les esprits de tous les mondes visibles et invisibles.

Qu'il en soit fait ainsi au nom du créateur.

Quand vous aurez fait ce travail, il faut laisser les bougies brûler jusqu'au bout.

Une fois les bougies brûlées, laissez en place l'ensemble du dispositif.

Si l'opération est réussie, votre chance s'améliorera considérablement.

Une fois par mois, réactivez le rituel en mettant simplement à brûler sur le schéma cinq nouvelles bougies.

Comment fonctionne ce rituel ?

Ce rituel est un appel de force appuyé sur la vibration du cristal de sel, le graphisme de la porte et la concentration de l'opérateur. **Il est essentiel à la réussite du rituel que les traits tracés avec le sel fin soient parfaitement réguliers**. C'est l'exercice de concentration lié au rituel.

C'est difficile à réaliser, cela demande un certain entraînement et un grand calme ; mais les moines bouddhistes, les brahmanes de l'Inde et les tireurs de farine vaudous réalisent couramment avec des poudres d'origine végétales des graphismes bien plus compliqués. Avec quelques efforts vous devriez donc parvenir à tracer ce graphisme sans difficultés, d'autant que vous pouvez avant d'accomplir le rituel faire autant d'essais que vous voulez. Il est même vivement conseillé, de réussir plusieurs fois à faire parfaitement le tracé avec le sel avant d'entreprendre le rituel.

Une facilité :

Un brahmane ou un tireur de farine réaliserait ce tracé en laissant couler le sel directement entre le pouce et l'index. Vous pouvez tricher un peu sans que cela nuise à l'efficacité du rituel.

Le « truc » consiste à fabriquer des cornets de papier pour contenir le sel. Vous réglerez le débit du sel en pressant plus ou moins une petite ouverture au bas du cornet entre le pouce et l'index.

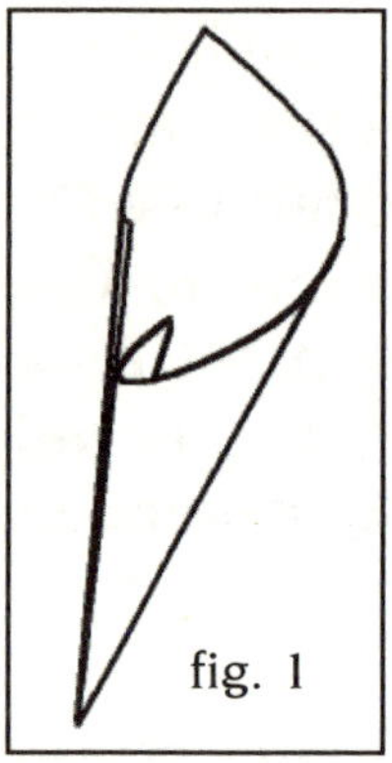

fig. 1

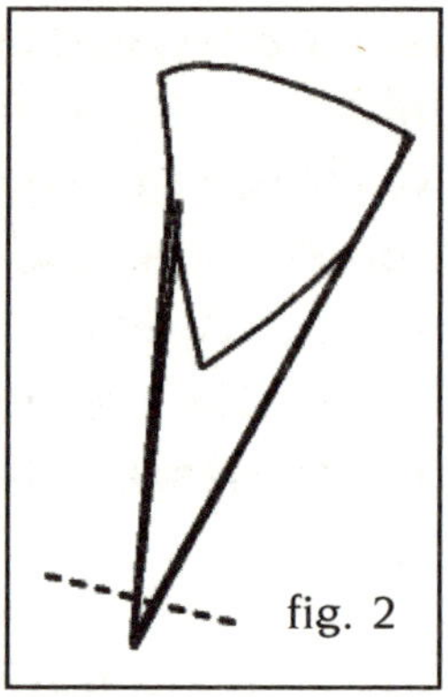

fig. 2

La figure 1 : montre comment rouler une feuille de papier,

Figure 2 : emplissez le cornet ainsi obtenu de sel, après l'avoir fixé avec du ruban adhésif.

Figure 3 : refermez le cornet en fixant toutes les ouvertures avec du ruban adhésif, puis coupez la pointe (comme indiqué sur la figure deux), pour obtenir une ouverture de deux à trois millimètres de diamètre. **Cette poire en papier vous permettra de réguler le débit du sel, ce qui est le plus difficile. La figure 3 montre la taille idéale de la poire.**

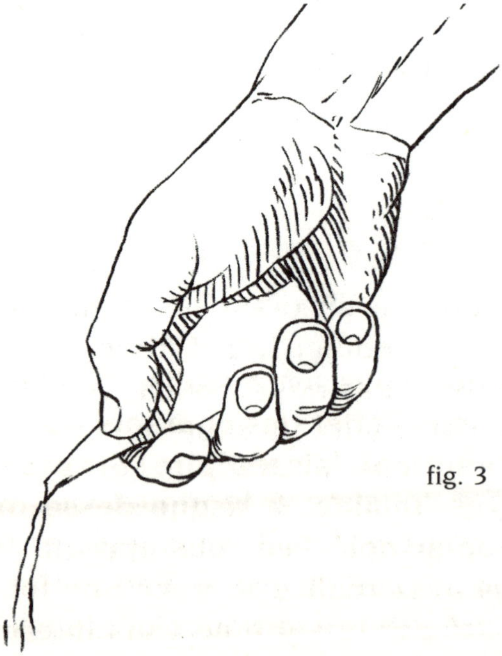

fig. 3

Si vous décidez d'utiliser cette astuce, stockez les trois poires (correspondant aux trois figures) imbriquées dans un bol pointe en l'air. De cette façon vous aurez le sel à portée de main et pourrez tracer facilement le pentacle.

Le bol est représenté transparent sur le schéma ci contre.

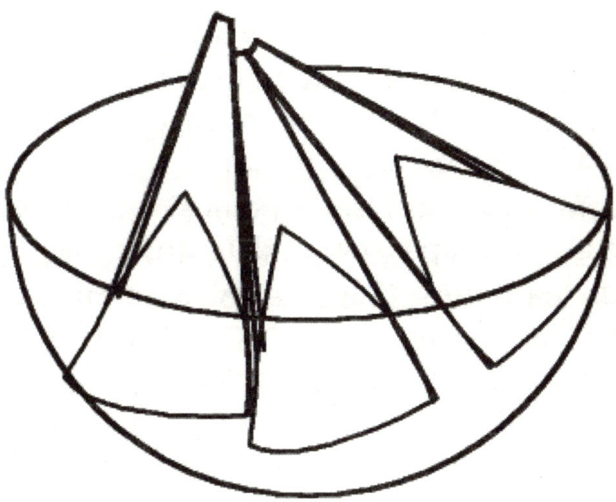

Attention !

Une fois que vous avez réalisé la figure avec le sel, celui-ci sous l'effet des courants d'air va se disperser. C'est normal, laissez faire ! Si vous vivez dans un climat très humide, il risque de se fixer sur la feuille de papier noir. Peu vous importe : l'essentiel est que vous ayez réalisé le tracé une fois. Ce qu'il advient du sel par la suite ne vous intéresse pas.

Comment tracer le dessin préliminaire qui servira de support à votre pentacle ?

Si vous savez déjà tracer un pentagone inscrit, il est inutile de lire cette dernière partie.

Tracez sur votre feuille un cercle le plus grand possible en prenant pour centre le point O centre de la feuille déjà déterminé.

Détermination de M, milieu de OD

- En prenant pour centre le point D, et en prenant un rayon plus grand que le demi-rayon du cercle, tracez deux arcs de cercle (1) (2).
- En prenant pour centre le point O et avec la même ouverture de compas, tracez deux arcs de cercle (3) (4).
- Joignez les points P et Q ainsi déterminés. L'intersection des droites OD et PQ est le milieu de OD que nous avons appelé point M.

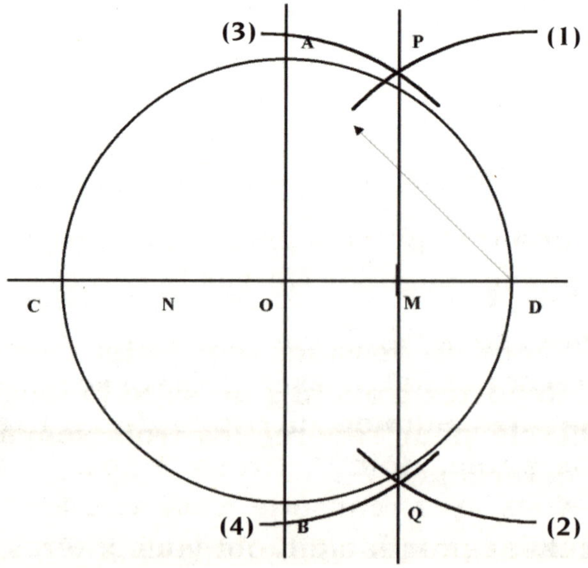

Détermination du côté du pentagone

- En prenant M pour centre, et la longueur MA pour rayon, tracer l'arc de cercle AB pour déterminer le point N.
- Joignez le point A au point N
- AN est égal au côté du pentagone inscrit dans le cercle de centre O et de rayon OA.

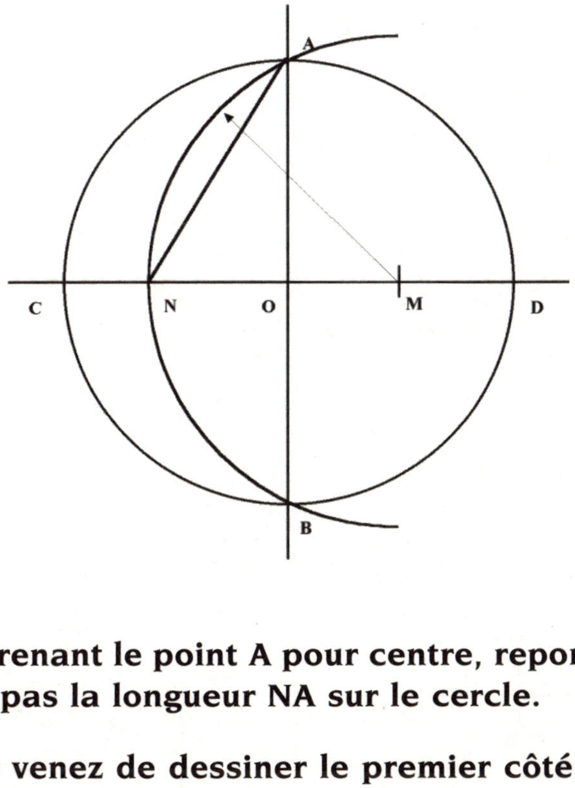

En prenant le point A pour centre, reportez avec un compas la longueur NA sur le cercle.

Vous venez de dessiner le premier côté du pentagone. Reportez trois fois de suite la longueur NA sur le cercle pour repérer les trois sommets restants à déterminer.

Joignez les points ainsi obtenus.

Le tracé de l'étoile à cinq branches s'effectue en traçant deux sommets sur trois jusqu'à ce qu'on soit revenu à son point de départ.

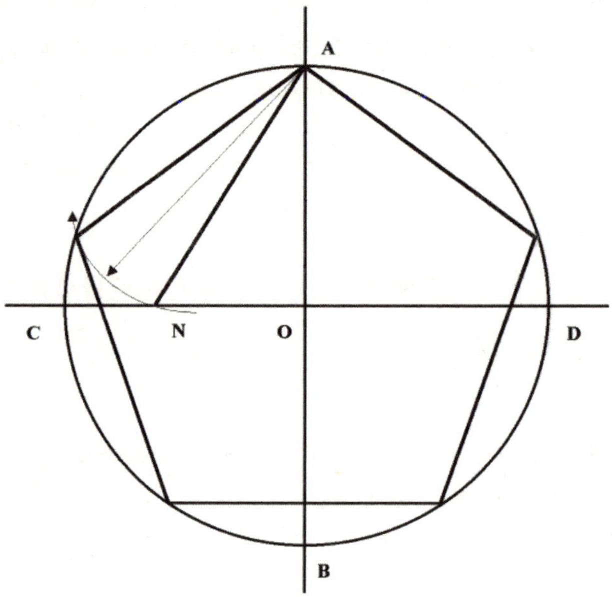

Le sel, mon argent, mes biens

Dans le monde, il existe deux sortes de personnes, celles qui sont nées pauvres, et celles qui sont nées riches. Quand les premières ont le souci de gagner de l'argent, les secondes ont le souci de ne pas en perdre, de conserver leurs biens, leur capital, leurs revenus.

Le sel et mes biens : comment stabiliser une situation ?

C'est connu, on peut être né bien riche et mourir bien pauvre. Ceux qui ont besoin de s'enrichir invoquent comme dans la recette précédente les forces du changement avec la « porte » basée sur le pentagramme. Ceux, qui au contraire, ont besoin de conserver leurs biens et leurs privilèges, utilisent eux le verrou qui stabilise les situations. Le verrou est basé sur l'hexagramme.

Le rituel du verrou, nos lecteurs l'ont déjà compris est comparable à celui de la porte. La différence fondamentale tient au fait, qu'au lieu de tracer les traits avec du sel, il faudra les tracer en enlevant du sel. Pour cela, il vous faudra ajouter à la feuille de papier noir que nous avons précédemment utilisée, une plaque support et quatre bandes de carton ou de bois qui viendront encadrer le dessin du pentacle. Notez qu'on peut se simplifier la vie en travaillant sur une ardoise.

Préparation :

Il faut fabriquer un cadre plat à fond noir.

Pour cela, il vous faut coller contre les bords d'une feuille rigide et noire des bandes de carton. Ces bandes doivent être collées par « double encollage » sur toute leur surface. Elles doivent en effet empêcher le sel que vous allez répandre dans le cadre de s'échapper. L'ensemble doit donc être ajusté avec beaucoup de soin...

Et n'oubliez pas que ce petit travail artisanal fait partie du processus magique. Vous devez en avoir conscience en travaillant, même si vos ciseaux, votre cutter et votre colle en bombe n'ont rien de sacré.

Le cadre étant réalisé et la colle étant bien sèche, vous allez répandre dans le cadre une couche de sel qui le remplisse entièrement, mais ne déborde pas en hauteur. Pour cela, versez un tas de sel au centre puis étalez soigneusement le sel avec une règle.

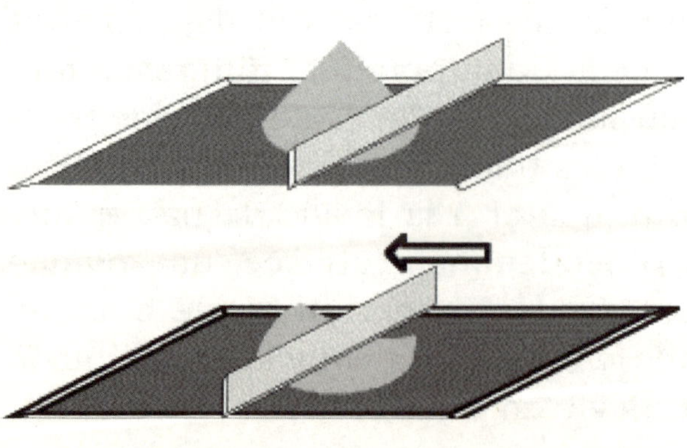

Le sel doit être parfaitement réparti, la couche de sel atteignant exactement le bord du cadre.

Le résultat que vous devez obtenir est une couche de sel homogène régulièrement répartie dans le cadre.

Il est conseillé de faire plusieurs essais. Notez que plus la couche de sel est fine, plus le dessin est facile à réaliser.

Muni d'une paille ou d'une plume d'oie, ou même d'un bâtonnet d'une matière quelconque, vous allez devoir dessiner en écartant le sel pour faire apparaître le fond du cadre. Pour cela il faut vous entraîner car le dessin devra être fait à main levée. Évidemment, il n'est pas nécessaire qu'il soit d'une précision géométrique. Néanmoins, il est souhaitable qu'il « ressemble à quelque chose » ; que le cercle, par exemple, ressemble plus à un cercle qu'à un ovale.

Le cercle doit être tracé d'un seul geste dans le sens des aiguilles d'une montre. On lève le stylet.

Ensuite, toujours sans lever le stylet pendant le tracé on dessine le triangle pointe en haut en sens inverse des aiguilles d'une montre.

De la même façon on trace le triangle pointe en bas.

Ensuite, on trace les symboles du feu et de l'eau, puis ceux de l'air et de la terre.

- À la fin du rituel, on placera au centre de l'étoile à six branches un cristal de sel gemme.

Faites ce dessin plusieurs fois de suite à titre d'entraînement, car vous devrez le tracer pendant le rituel en respectant l'ordre que nous avons donné et sans aucune hésitation.

Le rituel :

Précisions concernant l'orientation :

- Le haut sur les schémas correspond (quelle que soit l'orientation réelle de votre hexagramme) à l'Est.
- L'opérateur (vous) se tient à l'Ouest.
- Le Sud est donc à votre gauche et le Nord à votre droite.
- Les points cardinaux sont ici virtuels. Il est inutile d'orienter votre schéma à la boussole. Cela serait même nuisible, car autant que possible, les bords du plateau doivent être parallèles à ceux de la table, et si possible les bords de la table parallèles aux murs de la pièce.

Déposez sur une table :

- votre plateau (construit comme indiqué ci-dessus) ;
- et un sac de sel gemme réduit en poudre.

Face à l'Est, mains écartées, paumes tournées vers le haut, dites :

« Ma puissance est dans le nom de celui qui s'engendrant lui-même créa les cieux et la Terre, les mondes visibles et invisibles, les êtres de matière et les êtres d'esprit, dans le nom de celui qui fît toutes choses. »

Joignez les mains, faites un temps de silence (au moins deux respirations) et dites :

Gloire lui soit rendue, à lui qui créa l'espace et le temps. Que sa louange soit dans le cœur de tous les êtres !

Seigneur tout puissant Souverain créateur des mondes, toi, qui a modelé l'homme de la poussière et l'a déposé sur la Terre, daigne bénir et sanctifier notre entreprise.

Toi qui as voulu que l'homme perçoive la terre et la mer comme des choses plates, daigne permettre que ce plateau soit la représentation du monde que tu as donné à l'homme.

Faites un temps de silence.

Que cette terre soit bénie et purifiée par le sel que nous y répandons !

On verse la quantité de sel nécessaire en tas et d'un seul coup au centre du plateau.

Prenez la règle et aplanissez le sel comme expliqué ci-dessus.

- L'opération nécessite plusieurs passages de la règle. Prenez votre temps, ce travail doit être fait soigneusement.
- S'il y a trop de sel, faites tomber l'excédent à côté du plateau, s'il n'y en a pas assez, ajoutez-en la quantité nécessaire.

Restez quelques instants à contempler le plateau empli de sel.

Prenez le stylet et dites :

O Seigneur créateur des cieux et de la Terre, toi qui n'as point voulu que l'homme voit au-delà de la voûte étoilée, permet que celle-ci soit représentée par le cercle que nous traçons.

Tracez le cercle avec le stylet.

Seigneur toi qui ne nous a point permis de voire ce qui est au-delà de la voûte des étoiles ni au-dessous de la surface de la terre ou des eaux, ne permet pas aux êtres que tu as créés au-delà de ce ciel, ni a ceux dont tu as peuplé les abîmes d'empiéter sur le territoire que tu as donné en héritage à nos pères. Ne le permets pas O toi qui traces les limites de toutes choses.

Faites un temps de silence.

Toi qui par la force de ton esprit a défini les sept directions de l'espace, a créé toute matière, et ayant de cette matière formée la terre en a modelé l'homme et lui a donné un souffle de vie issu de toi, permet que cette figure représente symboliquement la descente de ton esprit dans la matière.

Tracez le triangle pointe en haut en allant dans le sens inverse des aiguilles d'une montre.

Toi qui as permis que la matière imprégnée de vie puisse évoluer et se transformer, et qui as glissé en elle l'aspiration au retour à l'Esprit par la compréhension de tes lois, permets que cette figure symbolise cette possibilité que tu as offerte à la nature humaine et à celle de tous les êtres visibles ou invisibles.

Tracez le triangle pointe en bas en allant dans le sens des aiguilles d'une montre.

O Souverain créateur des mondes, toi qui as fixé toutes les frontières, et as assigné pour espace à la condition de l'homme l'espace délimité par ces deux triangles au centre de la sphère céleste, permets que rien ne vienne ni d'en haut, ni d'en bas troubler cet équilibre. Ainsi tu m'as placé dans le monde et ainsi je souhaite rester.

Placez le cristal de sel au centre de l'étoile à six branches, en prenant toute précaution pour ne pas déranger le sel.

Que ce cristal de sel qui sera placé à cet endroit soit réellement moi, et qu'il reste ainsi placé, dans cet équilibre qui est celui que tu m'as accordé en me créant et que je souhaite conserver.

Tracez le signe du feu (le petit triangle pointe en haut) :

Toi qui fixes et traces les limites, permet que les grandes ardeurs et les esprits du feu ne puissent franchir cette double enceinte et enflammer ton serviteur ou lui insuffler des désirs ou des goûts qui le consumeraient.

Tracez le signe de l'eau.

Ne permets pas Seigneur, O toi qui fixes et traces les limites, que les esprits de l'eau ou sa trop grande humidité puissent franchis cette double enceinte, et venir inspirer à ton serviteur des pensées qui viendraient éteindre le feu divin que tu as placé en lui lors de sa création.

Tracez le signe de l'air.

Ne permets pas Seigneur, O toi qui fixes et traces les limites, que les esprits volatiles de l'air, pénètrent cette double enceinte et viennent insuffler à ton serviteur des intuitions ou des aspirations à connaître ou savoir des choses qui ne correspondent point à son actuelle condition.

Tracez le signe de la terre.

Ne permets pas Seigneur, O toi qui fixes et traces les limites, que les esprits de la terre ou sa trop grande sécheresse, pénètrent cette double enceinte et viennent dessécher le corps ou l'esprit de ton serviteur en lui faisant perdre le goût des choses présentes.

Enlevez le cristal, posez délicatement la vitre sur le cadre, puis replacez le cristal au même endroit, mais sur la vitre.

Que ce cristal, qui est réellement ton serviteur, soit préservé par cette double enceinte tant des coups du destin qui pourraient venir du dehors, que de ceux qui pourraient venir de lui-même afin qu'il jouisse en paix du sort que tu lui as assigné.

Sois donc béni Seigneur, pour tout ce qui ne change point durant toute la vie d'un homme. Sois béni pour les montagnes et pour les vallées. Sois béni pour les plaines et pour les gouffres, toi qui assures la stabilité de toutes choses, sois béni pour tout ce qui ne change pas durant la vie d'un homme.

Fixez la vitre sur le cadre avec des pinces pour sous-verre. Le cadre devra être conservé avec le cristal de sel posé en son centre.

Aménagements :

Avant de poser le verre, vous pouvez remplir les sillons qui constituent le dessin avec de la houille concassée (du charbon minéral).

- Ce remplissage ne fait pas partie du rituel, mais il permet d'assurer la pérennité du dessin.
- Si vous trouvez des cristaux de sel gemme suffisamment petits, utilisez plutôt qu'une photo d'identité une photo « format timbre poste ». C'est la dimension de la photo qui décide de la taille du support.

Observations à propos des deux rituels ci-dessus

Avec ces deux rituels, vous revenez aux sources les plus archaïques de la magie en vous livrant à la construction d'images magiques. Remarquez d'ailleurs au passage qu'image » est l'anagramme de « magie ».

Ces deux rituels sont parallèles, en ce sens que le premier sert à dynamiser la chance et le changement, alors que le second a au contraire pour but d'empêcher tout changement, de conserver les choses en l'état, de **figer dans la mesure du possible un statut social et une situation financière**. Il faut cependant savoir qu'il tend à figer également tous les autres éléments de votre vie.

Bien évidemment, ces rituels ont leur limite.

Le second ne peut stabiliser les événements qu'à votre niveau personnel. Par ailleurs, il ne saurait empêcher que vous perdiez matériellement des choses qui sont déjà perdues ou une perte de valeur de vos avoirs par suite d'une fluctuation d'un marché. Enfin, il ne saurait empêcher ou retarder le décès d'un tiers, même si la disparition de cette personne devait vous plonger dans la misère.

De fait, le second rituel, même s'il est efficace est dangereux parce qu'il stoppe l'évolution naturelle des choses, mais ne peut évidemment corriger les conséquences d'événements passés ou des évolutions globales de la société.

En revanche, il limite certains coups du sort positifs ou négatifs qui auraient pu entraîner une évolution personnelle. Il faut donc bien étudier sa propre situation, et celle du milieu dans lequel on vit avant de l'utiliser.

Le premier rituel, le rituel de chance, lui, au contraire, en tendant à attirer la chance, accélère les évolutions. Ceci dit, nul ne peut vous garantir qu'il vous permettra de gagner une grosse somme aux jeux de hasard. La chance peut très bien venir d'un tout autre côté. Le rituel attire la « chance en général », mais il n'est pas sélectif, c'est à vous de saisir la chance quand elle se présente et où elle se présente, ce que vous risquez de ne pas faire si vous êtes obsédé par une forme de chance particulière.

Notez que la sélectivité en matière de chance ne peut pas réellement exister. En effet, il existe bien des rituels qui favorisent tel ou tel autre type de chance, mais ils ne favorisent qu'un potentiel préexistant. Ainsi un rituel ponctuel de « chance au jeu » permet, si l'on devait gagner, de gagner plus que l'on aurait gagné sans l'utiliser, mais il permet rarement de gagner si l'on devait perdre. Ainsi un joueur qui a tendance à gagner régulièrement, un joueur déjà chanceux, trouvera plus d'efficacité dans un rituel ponctuel de chance au jeu qu'un joueur malchanceux. Cela tient à une loi cosmique toute simple, alors que le premier agit dans le sens de son destin, le second agit à contre-courant.

Rituels ponctuels pour le commerce

Les rituels ci-dessous s'adressent plus spécialement aux commerçants et en particulier aux boutiquiers.

Le sel n'est pas le produit magique le plus utilisé pour stimuler un commerce, mais il existe quelques pratiques simples qui permettent d'éviter que le commerce soit maléficié.

Préservez-vous du billet (du chèque, de la pièce de monnaie) mal donné

Ce n'est pas parce qu'un client vient d'acheter quelque chose chez vous qu'il est content ! Il peut bien avoir acquis un objet ou un produit dans votre boutique, tout en éprouvant à votre égard et à l'égard de votre commerce, quelque hostilité.

Cela peut vous surprendre, mais souvent les gens vont acheter un objet ou un produit dans un magasin précis pour des raisons telles que : « c'est le plus près et je suis pressé », « je suis sûr de trouver ce que je cherche parce que je l'ai vu en vitrine », ou tout simplement « je suis passé devant ». Cela ne les empêche en aucun cas de penser éventuellement que vous êtes : « pas assez aimable » ou « trop cher », ou encore « trop pressé »...

Or, dans ce cas, ils vous paient de « mauvaise grâce ». Ils vous donnent leur argent en échange d'un produit ou d'un service, mais le regrettent, éprouvent un sentiment d'injustice, se disent que dans d'autres magasins ils auraient payé moins cher, ou qu'on leur aurait consacré plus de temps...

Peu importe évidemment qu'ils aient tort ou raison ! En vous « payant de mauvaise grâce », ils maléficient involontairement votre magasin. Cela diminue chez les passants l'envie de pénétrer dans votre boutique, et chez ceux qui entrent, ralentit voire inhibe le réflexe d'achat.

Le véhicule de ce maléfice est évidemment le billet de banque qu'ils vous remettent ou tout autre document de paiement (chèque, facturette de carte de crédit).

Évidemment, ces clients sont des cas isolés, si ce n'était pas le cas – vous auriez déjà mis la clé sous la porte, faute de clients.

Le maléfice qui résulte de cette mauvaise humeur n'est ni grave ni difficile à enlever.

Pour cela, il suffit :

- de placer dans votre tiroir caisse un cristal de sel consacré comme sel d'exorcisme.
- Ce cristal nettoiera automatiquement les billets et documents de paiement maléficiés (de cette façon ou d'une autre) et vous constaterez une attitude plus positive de l'ensemble de vos clients.

Si l'argent et les documents de paiement sont stockés en plusieurs endroits,

- vous pouvez placer le sel dans l'endroit où vous les placez le soir après la fermeture.

Attention !

- **Les cristaux de sel ne font « bon ménage » ni avec les meubles métalliques, ni avec l'humidité**.
- Si nécessaire, enfermez le cristal de sel dans une pochette hermétique. Même contenu dans un sac de matière plastique scellé, le sel continue d'agir.
- Remarquez également que, au bout d'un certain temps, le cristal sera saturé. Il n'aura plus d'effet, il faudra le changer. Pour un maximum d'efficacité, il est prudent de changer le cristal à chaque nouvelle Lune.

Ceux qui travaillent dans des conditions difficiles : boutiques en plein vent, marchés, commerce de produits humides

- peuvent remplacer le cristal par un petit bocal de verre contenant du sel gemme qu'ils boucheront avec le plus grand soin. Le procédé est d'une moindre efficacité, mais il fonctionne.
- Ceux qui adopteront cette solution doivent savoir que le gros sel sature plus vite qu'un cristal. Dans ce cas, il faudra changer le sel **tous les sept jours**.

Protégez votre lieu de vente

Vous n'êtes responsable ni de la pluie, ni des grosses chaleurs, ni des encombrements, ni en général d'ailleurs de toutes les choses qui ont pu mettre un client de mauvaise humeur avant qu'il ne franchisse la porte de votre magasin. Vous n'en êtes pas responsable, mais cela influe grandement sur votre commerce et sur votre santé. Là encore, personne n'est responsable, votre client n'est pas méchant, il n'a rien à vous reprocher, il est simplement de mauvaise humeur pour une raison ou une autre. Dans ce cas il devient un véritable « générateur d'ondes nocives ». C'est automatique, et cela arrive à tout le monde ; à vous comme à vos clients. En protégeant votre boutique avec du sel, non seulement vous préserverez la santé de votre commerce et la vôtre propre, mais de plus, vous rendrez service à vos clients en les soulageant d'une partie de leur tension.

Reportez-vous au premier chapitre à « protégez votre maison » et « protégez une étable », car les solutions pour une boutique varient suivant l'activité du commerçant. On ne protège pas un magasin d'antiquités et une poissonnerie de la même façon (question de décor).

Oh ! Diront certains lecteurs, pourquoi protéger une poissonnerie ou une épicerie avec du sel ? Ce sont des endroits où il y a toujours du sel ! Quelle erreur ! Ce sel-là n'a aucune activité contre les maléfices, et ce pour une seule raison, il n'a pas été placé à cet endroit dans ce but. En magie, c'est toujours l'intention qui est l'élément le plus actif.

Rituels de chance ponctuels pour le jeu

Le sel bien évidemment, comme presque tous les produits utilisés en magie, a donné lieu à des rituels en rapport avec le jeu, encore le jeu, toujours le jeu. Ces rituels sont très simples, car il s'agit d'actions ponctuelles pour préserver la chance au moment de partir jouer ou de miser. À l'origine, ils ont été utilisés par des gens qui jouaient aux dés (ou à d'autres jeux de hasard) dans des tavernes, par la suite les joueurs de casino les ont adoptés ; aujourd'hui les amateurs de jeu à gratter ou de loto les ont adoptés... Entretemps, les procédés n'ont pas évolué ou très peu.

Ici, une observation s'impose, quand vous jouez aux dés avec un ami, vous avez à chaque coup de dé une chance sur deux de remporter la mise. Si vous perdez beaucoup d'argent, vous êtes malchanceux, si vous en gagnez beaucoup vous avez de la chance (et votre ami est malchanceux), si vous gagnez peu ou perdez peu, vous et votre ami êtes tous deux chanceux ou malchanceux.

À une table de roulette, en jouant les numéros pleins, vous avez une chance sur 37 ou 36 suivant les pays de gagner... Et votre chance est en concurrence d'une part avec la « chance du casino » (le casino a de la chance quand le numéro qui sort n'a été joué par personne), d'autre part avec celle de tous les joueurs qui ont misé sur d'autres numéros que vous ! Conclusion, il faut avoir beaucoup plus de chance pour gagner à la roulette que pour gagner une partie de dés avec un ami.

Quand vous jouez aux jeux de grattage ou au loto, vos chances de gagner sont de beaucoup inférieures à une sur un million, et, par ailleurs, votre chance est en concurrence avec celle de millions de joueurs.

Autrement dit, à chaque coup, votre probabilité de gain est infime. Comme vous utiliserez les mêmes rituels dans ces trois cas, vous comprendrez que même si un procédé magique fonctionnait à chaque fois dans le premier cas, il serait moins fiable à la roulette, et encore moins bien entendu aux jeux de grattage ou au loto. Or, il faut le savoir, aucun procédé magique n'est fiable à cent pour cent !

Donc, plus la probabilité de gagner est faible, plus il faut persévérer. Par ailleurs, si en jouant à des jeux de grattage ou au loto, vous êtes souvent remboursé, sachez que la chance vous est déjà très favorable. Dans ce cas, en jouant régulièrement et en utilisant toujours le même procédé, il est possible que vous décrochiez la « timbale » (ou le « Jackpot » si vous êtes anglophone).

Avant de partir pour jouer garnissez votre poche

Avant de partir jouer, placez une poignée de sel consacré pour l'exorcisme dans la poche gauche de l'un de vos vêtements : une veste ou un pantalon.

Il vaut mieux pourtant que ce soit une veste, car, avant d'entrer dans la salle de jeu, il faut prendre le sel (contenu dans la poche gauche) de la main droite et le lancer par-dessus votre épaule gauche pour conjurer un éventuel mauvais sort…

Notez que la poignée de sel peut se réduire à quelques grains, c'est plus discret !

Cette formule s'accompagne généralement d'une imprécation locale, qui me semble uniquement destinée à marquer la volonté qu'a le joueur de chasser les démons éventuels.

La plus courante étant « *va-t'en Belo* » répétée trois fois. Belo est dans de nombreuses régions le diablotin qui apporte la poisse.

On connaît aussi la formule « *Belo quitte mes talons* » elle est répétée également trois fois.

Un procédé pas si bête

Dans les régions où l'on élève des chèvres, un éleveur n'ira pas jouer sans avoir donné du sel au bouc, dans le but de mettre le Diable de son côté. Dans celles où l'on élève des veaux, il donne du sel aux veaux pour la même raison en souvenir du Veau d'or élevé par les Hébreux au pied du mont Sinaï. Chacun sait en effet que cette idole était une image de Satan...

Le même procédé est utilisé avant de partir à la foire vendre du bétail. Bien qu'il ait conclu ce « pacte tacite » avec Satan (car il s'agit bien de cela), le même paysan conjurera Belo avant d'entrer dans le lieu où il va jouer.

Relevons tout de même que pour conclure un pacte, il faut que les deux partis l'acceptent. En principe, tous ceux qui emploient (même une seule fois) ce procédé sont damnés, parce qu'en voulant se faire aider par le Diable, ils lui donnent leur âme. Cependant, comme ils ne gagnent pas tous, on est bien obligé de penser que Satan n'accepte pas toujours le pacte, à moins que bien entendu, en plus d'être le prince du mensonge, il manque également de parole. Dans ce dernier cas, il se révélerait encore plus mauvais que l'Église ne l'a pensé pendant des siècles.

Notez que le pacte ne réside pas dans le fait de donner du sel au bouc ou au veau. Il réside dans l'intention, dans le fait que cet acte est accompli pour « *mettre le diable de son côté* ».

Soyons cependant réalistes ! « Le diable » n'est ici qu'une expression ! Le paysan qui accomplit ce rituel ne pense évidemment qu'à chasser l'éventuel mauvais sort, à éviter la poisse. En donnant du sel à l'animal il ne pense justement qu'à éloigner l'action du malin, la preuve : il conjure Belo, qui est l'un des suppôts de Satan. Pensez donc pour éviter tout risque à donner du sel au bouc ou au veau pour **conjurer la malchance**.

De l'argent en urgence !

Il arrive parfois, malheureusement, que l'on ait besoin de se procurer de l'argent tout de suite. Ce rituel pour obtenir de l'argent en urgence se révèle souvent efficace. Néanmoins, il ne faut pas en abuser. Ne l'utilisez pas pour vous offrir « un petit ou un gros plaisir », ce n'est pas un rituel de richesse. Il s'agit d'un rituel d'urgence à utiliser seulement pour des choses essentielles, voire indispensables.

Si vous utilisez ce rituel seulement dans ces circonstances, vous avez de fortes chances qu'il réussisse.

À l'inverse, si vous l'utilisez sans raison valable ou en vue d'achats futiles, non seulement il a de fortes chances de ne pas réussir cette fois-ci, mais il se pourrait bien qu'il ne réussisse pas non plus les quand vous en aurez besoin pour quelque chose de réellement grave.

Il faut savoir que le rituel est destiné à vous permettre de passer un cap financier difficile. Il est possible que la rentrée d'argent inattendue qu'il provoque soit simplement un prêt que vous devrez plus tard rembourser.

Par ailleurs, le rituel est long, et vous devez le lire avec assurance, sans hésiter et sans bégayer, en respectant la respiration indiquée par la ponctuation, en accomplissant les gestes nécessaires sans gaucherie.

Il faudra donc vous « imprégner » des textes que vous devrez dire et répéter les gestes que vous devrez faire, avant de l'accomplir. En effet, le texte que vous devez lire, a pour but de vous mettre dans un état psychique et spirituel particulier, de modifier votre état de conscience ; cet effet ne peut être obtenu que si vous n'éprouvez pour réaliser le rituel aucune difficulté technique.

L'urgence doit donc avec ce rituel vous laisser un délai de quelques jours pour préparer la cérémonie. De même, pour ce qui est de l'action de ce rituel, la réussite est plus facilement obtenue si le délai laissé aux esprits est d'une ou deux semaines. En effet, les esprits n'ont pas besoin de temps, mais ce sur quoi ils vont agir est soumis au temps. Par exemple, pour qu'un courrier parte et parvienne à son destinataire il faut que s'écoulent au moins vingt-quatre heures ; et encore est-ce là un délai très court.

Un rituel pour obtenir de l'argent en urgence

Pour réaliser ce rituel, il vous faut :

- deux bougies ;
- un bol contenant du sel gemme ;
- un brûle parfum ;
- des braises et de l'encens.
- Prévoyez également une feuille de papier blanc pour poser en guise de nappe sur la table où vous opérerez.

Préparation du rituel :

Sur une table, disposez deux bougies et le brûle parfum contenant une braise allumée et le bol de sel comme indiqué ci-contre. Les bougies doivent être nettement en avant du brûle parfum.

- L'encens que vous utiliserez pendant le rituel ne doit pas être posé sur la feuille de papier.
- La troisième bougie sera posée hors de la feuille avec l'encens. Ces deux éléments doivent être à portée de votre main gauche.
- Les bougies et le brûle parfum doivent être disposés approximativement en triangle équilatéral.
- Au commencement du rituel la braise doit être allumée et les deux bougies éteintes.

Rituel :

Placez-vous face au matériel que vous venez de disposer. Élevez les mains paumes ouvertes vers le ciel jusqu'à la hauteur de votre plexus solaire (approximativement).

Dites la prière suivante :

Seigneur, souverain créateur des cieux et de la Terre, Toi qui m'as fait de la poussière de la terre, Toi qui as voulu qu'un jour je retourne à la poussière !

Seigneur Souverain, créateur de tous les mondes visibles et invisibles, Toi qui après m'avoir créé puissant, m'as jeté impuissant sur cette terre !

Toi qui m'as imposé l'épreuve du travail, de la faim, de la soif, Toi qui après m'avoir créé immortel tel un dieu as voulu que je sois mortel !

Daigne écouter ma prière et que mon cri monte jusqu'à Toi.

Seigneur, Toi qui as créé l'homme puissant, puis l'a jeté sur cette terre impuissant, tu as permis qu'il implore ton aide et qu'il te rende grâce pour les bienfaits que tu lui accordes.

Sois donc loué Seigneur Tout Puissant pour les jours qui m'ont été accordés jusqu'à maintenant et pour ceux qui me seront accordés dans l'avenir.

Sois loué pour le toit qui m'abrite, pour la nourriture que j'ai consommée, pour la boisson que j'ai bue !

Sois loué pour les joies éprouvées, loué aussi pour les épreuves et ce qu'elles m'ont appris !

Sois loué pour la nature verdoyante que tu nous as donnée, les animaux et les plantes, les montagnes et les vallées, les mers et les fleuves !

Sois loué pour la lumière du Soleil qui nous éclaire le jour et pour celle de la Lune qui éclaire nos nuits !

O Toi créateur de toutes choses, source de toute sagesse et de toute beauté.

Sois loué pour avoir permis à l'homme, même le plus humble, d'invoquer ton nom.

Faites un temps de silence, puis dites :

Ma puissance est dans le nom du Seigneur qui créa les cieux et la Terre. Seigneur écoutez ma prière et que mon cri monte jusqu'à vous.

Prenez les allumettes ou le briquet, prenez de la main gauche la troisième bougie et allumez-la.

Avec cette bougie (toujours tenue de la main gauche), allumez la bougie de gauche.

Dites :

Que la flamme de cette humble bougie s'élève vers le Seigneur Tout Puissant et qu'elle consume mes erreurs et mes doutes, mes amertumes et mes colères, tout ce qui en moi pourrait être source d'impureté.

Faites un temps de silence.

Allumez la seconde bougie en disant :

Que la flamme de cette humble bougie s'élève vers le Seigneur Tout Puissant et qu'elle porte vers lui mon espoir et mon amour, qu'elle se consume pour la gloire de son nom !

Faites un temps de silence, et, toujours en tenant la troisième bougie de la main gauche portez la main droite sur votre cœur.

Que ces humbles bougies soient comme le Soleil et la Lune, comme les étoiles des cieux, que chaque rayon de leur lumière chante la gloire du Seigneur.

Que soit glorifié le nom du Seigneur du plus profond des abîmes jusqu'au plus haut des cieux, que tous les êtres crient la gloire de son nom !

Faites un temps de silence, puis éteignez la bougie que vous tenez de la main gauche et placez-la sur la table en dehors de la feuille de papier.

Prenez l'encens de la main gauche, puis entre vos deux mains jointes en coupe. Pour pouvoir réaliser ce geste, il est pratique que l'encens ait été placé dans une coupe ou dans un bol.

Élevez ainsi l'encens jusqu'à la hauteur de la flamme des bougies, puis dites :

Dans tous les temples, dans tous les lieux saints, partout, jusque dans la plus humble cahute, que soit glorifié le Seigneur par l'oblation des parfums !

Car c'est par lui, et pour lui, pour son culte glorieux et saint qu'il a créé les plus riches et les plus subtils parfums de l'Orient.

Daignes, Seigneur miséricordieux, plein de bonté et lent à la colère, source de tout bienfait, consacrer ce parfum et le bénir afin qu'il soit désormais digne de se consumer sur ton autel que celui-ci soit dressé dans un temple, dans un lieu saint ou dans la plus humble cahute. Consacre-le et bénis-le afin que, partout où il se consumera résonne le chant de tes saints anges. Consacre-le et bénis-le, afin qu'il soit propre à glorifier ton nom, que celui qui te l'offre soit un roi puissant, un prophète inspiré, un prêtre sanctifié ou la plus indigne de tes créatures.

Restez un instant immobile et silencieux.

Posez l'encens à droite du brûle parfum, à la même distance que le bol de sel.

Prenez une pincée d'encens de la main droite et versez-la sur la braise du brûle parfum en disant :

Seigneur que les fumées de cet encens s'élèvent vers toi, comme jadis s'élevaient vers toi les vapeurs des parfums qui se consumaient sur l'autel des parfums de ton saint temple.

Faites un temps de silence puis dites :

Ma puissance est dans le nom du Seigneur qui créa les cieux et la terre, glorifié soit son nom de par toute la terre, glorifié soit son nom du plus profond des abîmes au plus haut des cieux, glorifié soit son nom par la parole, la lumière et les parfums.

Esprits invisibles accourez, je vous conjure par le nom du Seigneur pour glorifier son nom. Esprits célestes, anges et génies, esprits qui hantez les abîmes, esprits des éléments, esprits de l'eau, de l'air, de la terre et du feu, accourez pour glorifier le nom du seigneur, votre créateur et le mien.

Esprits des quatre règnes, des minéraux, des végétaux, des animaux, des âmes vivantes, accourez pour glorifier le nom du seigneur, votre créateur et le mien.

Que vos paroles se joignent aux miennes, que vos prières s'élèvent avec la mienne vers le Seigneur Tout Puissant.

Faites un temps de silence.

Prenez la coupe contenant le sel de la main gauche, et élevez-la dans vos mains réunies en coupe jusqu'à la hauteur des bougies, puis dites :

Que partout, et à jamais, le sel, béni par le Seigneur, soit la marque de sa puissance ! Que partout où ce sel sera répandu par l'homme, sa volonté s'impose aux esprits de tous ordres et de tous règnes conformément à la volonté du Seigneur créateur des cieux et de la Terre, qu'il en soit ainsi par le nombre de son nom.

Seigneur, daignez bénir et sanctifier ce sel, car il est la marque visible de votre présence en ce monde que vous avez construit par poids et mesures. Consacrez donc ce sel et bénissez-le, afin que, conformément à votre volonté, et parce qu'il est le nombre de votre nom, que nous invoquons, il soit propre à invoquer, conjurer, contraindre ou éloigner tout esprit à quelque ordre, règne ou hiérarchie qu'il appartienne !

Tournez le dos à l'autel :

Esprits de tous ordres et de tous règnes, invisibles, mais réellement présents en ce lieu, courbez l'échine ! Embrassez le sol de ce lieu sacré en présence de ce sel, parce qu'il est le symbole du Seigneur en ce monde. Chantez à l'unisson et prosternez-vous devant ces cristaux sanctifiés qui portent en eux la puissance du nom du Seigneur créateur des cieux et de la Terre.

Retournez-vous vers l'autel, reposez le bol de sel à sa place. Prenez de la main gauche une pincée de sel, de la main droite une grosse pincée d'encens. Mélangez encens et sel dans votre main droite.

Versez le tout sur la braise de l'encensoir en disant :

Seigneur tout puissant, toi qui as voulu que les oblations qui te sont offertes soient salées, daigne accepter l'offrande de cet encens et de ce sel que tu as consacré et béni en présence des esprits réunis en ce lieu par la puissance de ton nom.

Faites un temps de silence, puis élevez les mains bras écartés à 45° paumes tournées vers le bas nettement plus haut que le sommet des bougies. Dites :

Esprits de tous ordres et de tous règnes, invisibles, mais réellement présents en ce lieu où je vous ai réunis en vous conjurant par le nom du Seigneur, votre créateur et le mien ; je vous conjure derechef par ce même nom du Seigneur d'obéir à ma volonté. Je vous en conjure par les cieux et par la terre, par toutes les créatures visibles et invisibles, par les astres fixes et mobiles, par les quatre éléments, par les sept directions de l'Espace qui sont le haut, le bas, le Nord, le Sud, l'Est, l'Ouest et le centre. Je vous en conjure par les vents et les marées, par les nuits et par les jours. Je vous en conjure par la puissance des nombres et par leurs lois immuables. Je vous en conjure enfin par le nom du Seigneur.

Tournez-vous vers le Sud en conservant la même position et répétez la formule : « *Esprits de tous ordres et de tous règnes*... ». Répétez ensuite la formule vers l'Ouest puis vers le Nord.

Tournez-vous à nouveau vers l'Est (face à l'autel) et dites :

Je vous ordonne, par le nom du Seigneur de m'apporter en ce lieu, ou en tout autre endroit que vous jugerez pratique pour moi la somme de (dites la somme dont vous avez besoin) et ce avant (précisez le moment pour lequel vous devez disposer de cette somme).

Et si vous accomplissez la mission que je vous confie, je supplie le Seigneur de vous accorder les plus grandes bénédictions à quelque ordre ou règne que vous apparteniez.

Prenez le bol de sel de la main gauche, prenez une pincée de sel de la main droite, et jetez le devant vous au-delà de l'autel.

Dites :

Esprits qui veillez au Levant, si vous obéissez à ma demande, soyez bénis par ce sel ! Mais si vous êtes rebelles à ma volonté et à celle du Seigneur qu'il vous apporte tourments et angoisses.

Allez maintenant et vaquez.

Vous tournant vers le Sud dites : Esprits qui veillez au Midi, si... (c'est la même formule).

Continuez en bénissant et menaçant les esprits de l'Ouest et du Nord.

Replacez-vous face à l'autel et dites :

Loué soit le Seigneur qui accorde à l'homme le pouvoir de commander aux esprits par la puissance de son nom !

Grâce lui soit rendue du plus profond des abîmes jusqu'au plus haut des cieux, glorifions l'éclat de sa lumière, crions la gloire de son nom !

En éteignant la bougie de gauche :

Que cette lumière qui nous a purifiés soit désormais éteinte physiquement mais que sa lumière persiste dans notre âme !

En éteignant la bougie de droite, dites :

Que cette lumière qui a emporté nos louanges vers l'Éternel soit désormais éteinte physiquement mais qu'elle continue d'être dans l'invisible le messager de nos louanges !

Versez l'encens dans un récipient fermant hermétiquement en disant :

Que ce parfum désormais consacré au Seigneur ne soit plus utilisé que pour lui rendre hommage ou pour manifester sa puissance.

Versez le sel dans un récipient fermant hermétiquement en disant :

Que ce sel désormais consacré ne soit plus utilisé qu'en oblation à l'Éternel ou pour manifester sa puissance.

Sachez que le sel et l'encens qui ont été consacrés au cours de cette cérémonie, conviennent pour tous les rituels magiques, qu'il s'agisse d'action à distance ou d'exorcisme.

CHAPITRE 4

Le Sel et l'amour

LE sel est peu utilisé en magie d'amour. Cela tient probablement à ses propriétés corrosives. Sa principale utilisation, c'est évidemment de « mettre du sel » dans une relation qui devient insipide. Cette pratique relève de la magie culinaire courante aux Antilles et en Afrique. Il existe également quelques pratiques de retour d'affection qui utilisent le sel, mais elles sont assez peu courantes.

Mettre du sel dans les relations

Cette pratique relève de la magie naturelle et non de la magie rituelle. Elle est dans les régions d'où elle provient plus utilisée par les femmes que par les hommes, pour une simple raison, ce sont elles qui font la cuisine.

Il s'agit de mettre un petit paquet de sel en contact avec ses parties intimes.

- On porte le paquet jusqu'à ce que le sel commence à piquer la peau.
- Il faut ensuite faire manger à sa compagne ou à son compagnon un ragoût de cabri ou de chèvre que l'on assaisonnera avec le sel ainsi chargé.

Cette opération a une triple propriété :

- elle rend les disputes et les réconciliations sur l'oreiller plus fréquentes et elle augmente la consommation de rhum (ou d'autres boissons alcoolisées à la maison). C'est d'après ce qu'on nous en a dit une pratique idéale pour ceux ou celles qui aiment les relations passionnelles quelque peu tendues.

Le sel que l'on porte sur soi pour cette opération :

- est généralement enfermé dans un petit sachet de coton blanc entièrement fermé par une couture. Le sachet contient environ une cuillerée à soupe de sel.

Que faire s'il reste du sel après avoir assaisonné le ragoût ?

- Dans ce cas, il faut refermer le sachet avec une couture et le placer sous le matelas.

Que se passe t-il si des invités mangent de ce ragoût de cabri avec le couple ?

- Dans ce cas l'opération provoque en général des scènes de jalousie, celui qui a mangé le sel à son insu croira que l'autre a un amant ou une maîtresse parmi les personnes présentes, ou que la chose se prépare, soit de votre fait soit de celui de l'invité(e).

La dispute assurée

Les affaires d'amour son souvent complexes, et parfois certaines gens ont de bonnes (ou de mauvaises raisons) pour vouloir qu'un couple se dispute. Notez que ce procédé fonctionne également pour des amis ou même de simples relations. La méthode vient des mêmes régions que la précédente, et il s'agit d'un procédé de magie naturelle ou sympathique.

Ce procédé ne peut être employé qu'au cours d'un dîner où la maîtresse de maison assigne des places à ses invités.

- Il faut placer les gens que l'on veut faire se disputer côte à côte, et, entre leurs sièges tracer avant de les installer une ligne de sel.
- Cette ligne ne doit pas être visible, il faut la dissimuler sous un tapis ou une natte.

Une fois cette mise en place réalisée et vos invités installés :

- il suffit pour provoquer la dispute de lancer la conversation sur un sujet polémique.
- Une dispute qui débute sous l'influence de cette recette débouche souvent sur une vraie fâcherie voire sur une rupture.

Une fois vos invités partis :

- il faudra ramasser le sel avec une pelle à poussière et un chiffon ou un morceau de carton.
- Vous jetterez le tout à l'extérieur de votre maison, et si possible dans la direction prise par les personnes qui se sont disputées.
- Si les deux personnes sont parties dans des directions différentes, jetez le sel et le carton ou le chiffon dans la direction qu'a pris l'une d'elles.

Le rituel de retour d'affection

Ce rituel de retour d'affection peut s'adresser à un compagnon ou à une compagne, mais on peut également l'utiliser dans bien d'autres circonstances : par exemple faire revenir un membre de la famille qui s'est éloigné.

Son efficacité tient au fait que le sel, une fois qu'il a été chargé par le rituel, est confié à l'élément Eau. Ainsi, l'action du rituel peut se prolonger indéfiniment.

Évidemment, comme tous les rituels de retour d'affection, il ne peut fonctionner que s'il existe ou a existé un véritable lien d'affection entre les personnes.

Pour accomplir ce rituel, il vous faut :

- des photos des deux personnes à réunir.
- Ajoutons qu'il est impératif que les deux photos soient **rigoureusement du même format**.

Il vous faut également :

- du sel (gros sel) ;
- et deux, quatre ou six cristaux de sel suivant la taille des photos.

Le gros sel devra être consacré comme pour l'exorcisme.

- En revanche les cristaux de sel ne subiront aucune préparation.

Sur une feuille de papier à dessin vert :

- vous allez poser, au centre de la feuille deux ou quatre cristaux de sel ;
- et sur les cristaux, la photo de la personne qui veut en faire revenir une autre.
- Le nombre de cristaux à utiliser dépend de la taille des photos.

Par-dessus cette photo :

- vous allez placer la photo de la personne qui doit revenir, de façon que les faces impressionnées des photos soient en contact l'une avec l'autre.

Vous recouvrez ensuite le tout de deux ou quatre cristaux de sel, en disant :

« *Que le seigneur tout puissant veille sur votre entrée comme sur votre sortie, sur votre départ comme sur votre retour, sur votre repos comme sur votre voyage.* »

Si vous tentez de faire revenir une femme vers un homme :

O Seigneur tout puissant créateur des cieux et de la terre, toi qui n'as point voulu que l'homme soit seul, et qui lui a donné une compagne, toi qui l'as créé mâle et femelle, ne permet pas que ceux que tu as unis par le sentiment de l'amour soient séparés ! Réunis ce que tu as uni et qui s'est désuni, rassemble ce qui est dispersé, rend complet ce qui est incomplet !

Si vous tentez de faire revenir un homme vers une femme :

O Seigneur tout puissant créateur des cieux et de la terre, qui a créé l'homme mâle et femelle, et qui a voulu que la première femme incarnée soit appelée « la vivante », parce qu'elle est la mère de tous les vivants, ne permet pas que ceux que tu as unis par le sentiment de l'amour soient séparés ! Réunis ce que tu as uni et qui s'est désuni, rassemble ce qui est dispersé, rend complet ce qui est incomplet !

Si vous tentez de faire revenir un homme vers un homme ou une femme vers une femme :

O dieux qui avez donné aux hommes le goût de ne point être seuls, qui punissez leurs fautes et leurs impiétés par la solitude, ne me châtiez point pour les fautes que je n'ai pas commises ! Car je n'ai blasphémé le nom d'aucune divinité, je n'en ai maudit ou menacé aucune, et si je l'ai fait dans la colère ou l'émotion face à un coup du sort, ce n'étaient que de vaines paroles. Pardonnez-moi mes offenses, si je vous ai offensé, que ce soit en trahissant une parole donnée, en m'appropriant ce qui n'était pas mien et que le Destin avait donné à d'autres, en persécutant l'innocent ou en glorifiant le coupable, en me laissant aller à la colère ou à tout autre sentiment que vous désapprouvez ; car si je l'ai fait c'était par humaine faiblesse. Rendez-moi celui (ou celle) que vous avez éloigné de moi. Apaisez, si je l'ai provoqué, son ressentiment !

Pour faire revenir un membre de la famille qui s'est éloigné :

O Seigneur tout puissant créateur des cieux et de la terre, qui a créé l'homme mâle et femelle, et qui a voulu que ceux qui sont nés du même sang soient regroupés par famille et par clans et qui as regroupé les clans en nations, ne permet pas que nous soyons dispersés sur la face de la terre.

Nous n'avons pas rompu ton alliance, et nous n'avons point fait de tort à untel (le nom de celui qui est parti). Et si, sans que ce soit notre volonté, nous l'avons lésé ou opprimé, inspire-nous, afin que nous comprenions notre offense et que nous la réparions.

Prenez une poignée de sel et entourez les deux photos superposées d'un cercle de sel tracé dans le sens inverse des aiguilles d'une montre en disant :

Que ceux qui sont pressés l'un contre l'autre dans ce cercle de sel soient réunis dans les cieux et sur la terre !

Seigneur, par la puissance de ton nom, ordonne qu'ils soient rassemblés, que leurs âmes soient une seule âme, que leur chair soit une seule chair, leur pensée une seule pensée !

Méditez ensuite longuement sur ce que suppose de vous et de l'autre la formule que vous venez de prononcer. **Quand vous aurez pris conscience de ce qu'implique cette formule pour votre attitude au quotidien, ajoutez :** « *Que ceci soit accompli !* »

Les photos sont disposées de façon que les cheveux soient tournés vers l'Est.

- La photo de celui (ou celle) qui opère est en dessous, et celui (ou celle) qui doit revenir est posée par-dessus.
- Suivant la taille de la photo on disposera quatre ou six cristaux de sel gemme, comme indiqué sur le schéma ci contre.

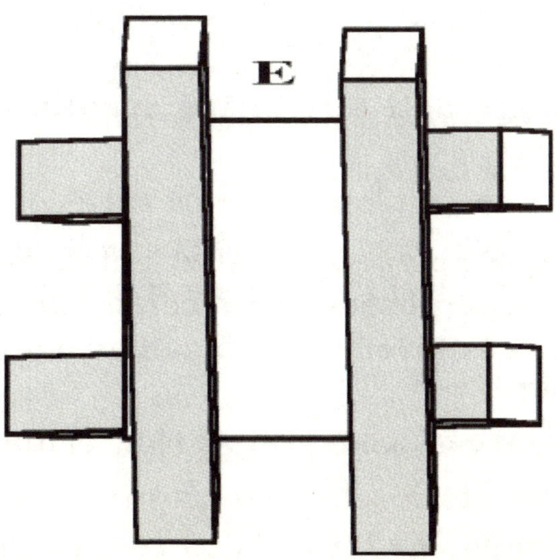

Le cercle sera tracé avec du gros sel.

- Les cristaux de sel peuvent être plus petits que les photos. Ils doivent néanmoins avoir une taille suffisante pour que le montage puisse être réalisé.

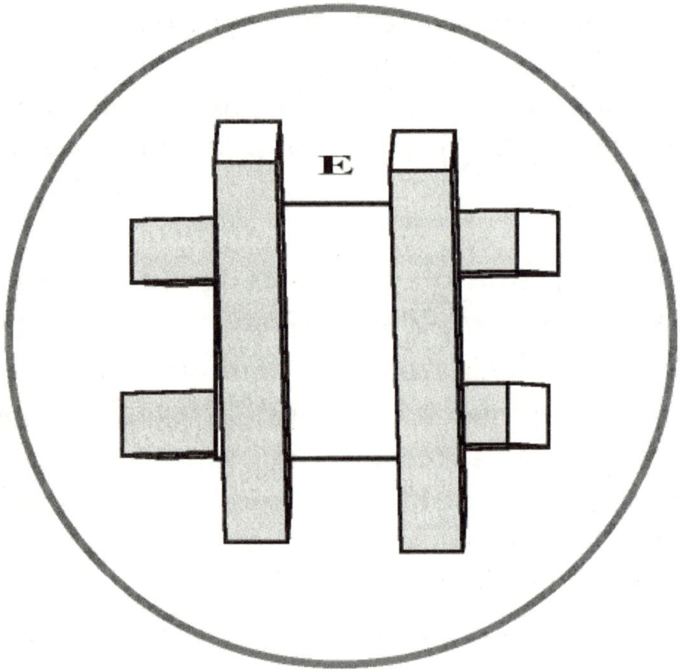

Ce montage doit être laissé sur place durant sept jours.

- Une fois que ce laps de temps est écoulé, il faut ouvrir le cercle avec deux doigts de la main droite (l'index et le majeur). Le cercle sera brisé au Sud.

Il faut dire :

Un seul être est absent, et vers toi, Seigneur nous crions !
Notre amour ne l'a pas fait revenir vers nous.

Son cœur est comme la pierre, et sa volonté indomptable ! Il est sourd à nos appels.

Seigneur, vers toi nous nous tournons. Ne permets pas que ce que tu as créé soit divisé sur la face de la terre.

Rassemble le mari et la femme, l'amant et l'amante, les enfants et les parents, le voyageur et sa nation !

Le montage est encore laissé en place durant sept jours.

- Le septième jour, si l'opération a réussi totalement (la personne est revenue) ou partiellement (elle a donné des nouvelles alors qu'elle avait rompu le contact), on ramassera le sel du cercle et on le placera dans un sachet de papier.
- On y placera également les cristaux de sel.
- Le tout sera enfermé dans une boîte étanche, et conservé dans une armoire ou un placard à l'abri de l'air, de la lumière et de l'humidité.
- Vous pouvez faire ce que vous voudrez des photos utilisées pour l'opération.

Si, au contraire l'opération a échoué. Versez les cristaux de sel et le sel du cercle dans un seau d'eau. Dites :

Que notre appel soit confié à l'élément de l'eau.

Quand le sel est entièrement dissous dans l'eau :

- versez le contenu du seau dans l'évier.
- Dans les deux cas, votre « opération » continue d'agir bien que vous n'interveniez plus personnellement.

Notez que cette opération a une action double : elle agit sur la personne qui est partie, mais elle influence également celle(s) qui veut la faire revenir en infléchissant leurs attitudes, leurs pensées, leurs sentiments de façon que ceux-ci deviennent acceptables pour la personne qui est partie.

CHAPITRE 5

Autres procédés magiques avec le Sel

DANS ce chapitre, nous verrons divers procédés magiques utilisant le sel. Nous ne les avons pas classés par utilité, parce qu'ils sont d'ordre plus général que les précédents. Ils font appel aux gnomes, les esprits de l'élément terre qui sont réputés sages et serviables. Le premier procédé décrit comment adresser un message aux gnomes. Il comporte un carré magique à tracer au sol, une invocation des esprits et une formule de renvoi. **Ce rituel doit être utilisé pour tous les procédés décrits dans ce chapitre**. Seul change l'action accomplie durant la cérémonie.

Le sel gemme et les gnomes

Les gnomes sont les esprits du sous-sol, ils veillent sur les mines, les trésors cachés, les eaux souterraines, en un mot tout ce qui est dans le sous-sol. Ils veillent également sur la fertilité de votre jardin... Et bien entendu sur les mines de sel.

Pourquoi écrire aux gnomes ?

Il faut savoir que les gnomes ne se contentent pas de veiller sur les minéraux, ce sont eux également qui favorisent ou perturbent la fermentation du compost, tout comme ils favorisent ou perturbent le vieillissement du vin que vous conservez en cave.

Il n'est donc pas nécessaire de chercher un trésor pour avoir besoin de leurs services.

Demandez-leur de veiller sur la stabilité du terrain sur lequel est bâti votre logement, d'empêcher l'humidité de dégrader les pierres des murs ou de la voûte de votre cave, de veiller sur tout ce qui est matériaux de construction d'origine minérale.

Évidemment ils ne reconstitueront pas une pierre ou une brique qui tombe en poudre.

La lettre aux gnomes

Pour réaliser ce rite, il faut :

- un bocal de grès qui se recouvre d'un couvercle de la même matière et de la cire à cacheter ou de l'argile pour sceller ce couvercle.

Il faut également :

- un cristal de sel gemme ;
- de l'encre de Chine ;
- du papier ;
- une règle ;
- une équerre ;
- un compas…
- Du galbanum et de l'oliban.

Il vous faudra aussi :

- deux brûle-parfums, l'un de cuivre, l'autre de terre cuite.
- Douze bougies blanches et deux bougies noires seront également nécessaires.

Préparation du rituel

Dans une pièce que vous aurez débarrassée de la plupart de ses meubles, vous allez tracer avec le sel le schéma suivant.

- Pour accomplir ce travail, il est conseillé de recouvrir le sol d'un tapis qui ne craigne pas le contact du sel. Il faut que ce tapis mesure plus de deux mètres sur deux mètres. Une bâche de toile ou un grand carré de linoléum conviennent parfaitement.

- Vous pouvez même vous contenter de papier noir. Notez que cette précaution n'est pas nécessaire sur tous les types de sol. Elle est cependant indispensable si vous devez travailler sur de la moquette, du parquet ou un carrelage de marbre. Dans les autres cas, il reste cependant prudent de protéger le sol de la pièce.
- Notez que cette précaution est inutile (pour le sol), si vous travaillez par exemple sur le sol en ciment d'une cave, dans un garage ou d'une remise.

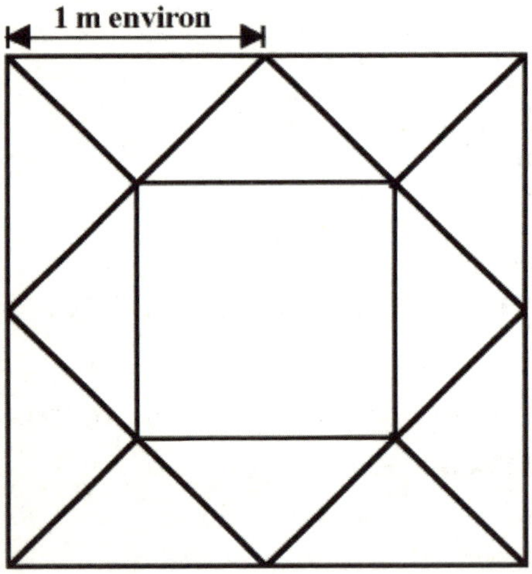

Pour vous guider, il est prudent de tracer le dessin sur ce tapis avec un produit quelconque (par exemple de la peinture) préalablement à l'opération. Ce tracé n'a aucune valeur magique, il est seulement destiné à vous guider. Il n'est pas évident de tracer correctement au sol ce schéma avec du sel.

Cette double enceinte est l'équivalent d'un cercle magique. Elle n'est utilisée que pour l'invocation des esprits de la terre. Le carré central doit mesurer au minimum 1 m de côté. Il peut être plus grand. Tout votre rituel sera accompli accroupi ou assis dans ce carré central.

Certains lecteurs remarqueront que cette grille était autrefois utilisée par les astrologues pour tracer les cartes du ciel. L'utilisation de ce schéma servait à affirmer symboliquement que la carte du ciel ainsi dressée concernait des phénomènes terrestres, car le carré est l'un des symboles de la terre.

Il vous faudra également douze feuilles de papier. Sur chaque feuille sera tracé à l'encre de Chine l'un des symboles suivants.

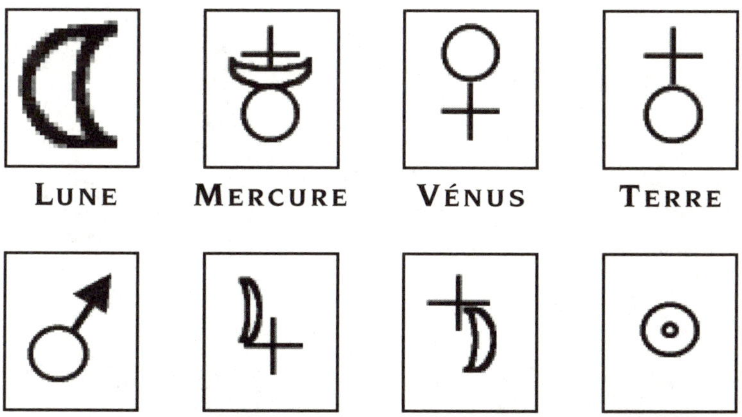

Sur les quatre dernières feuilles on écrira les noms des quatre éléments en hébreu :

Terminé, votre carré d'opération devra ressembler au dessin ci-dessous.

- Remarquez que « vous », indique l'endroit où vous devrez vous asseoir pour accomplir le rituel ;
- que le cercle de gauche indique l'emplacement de l'encensoir dans lequel on brûle le galbanum ;
- et celui de droite l'emplacement de celui où l'on brûle l'encens...

Cependant, les opérations qui permettent d'obtenir ce résultat doivent être accomplies dans un ordre précis.

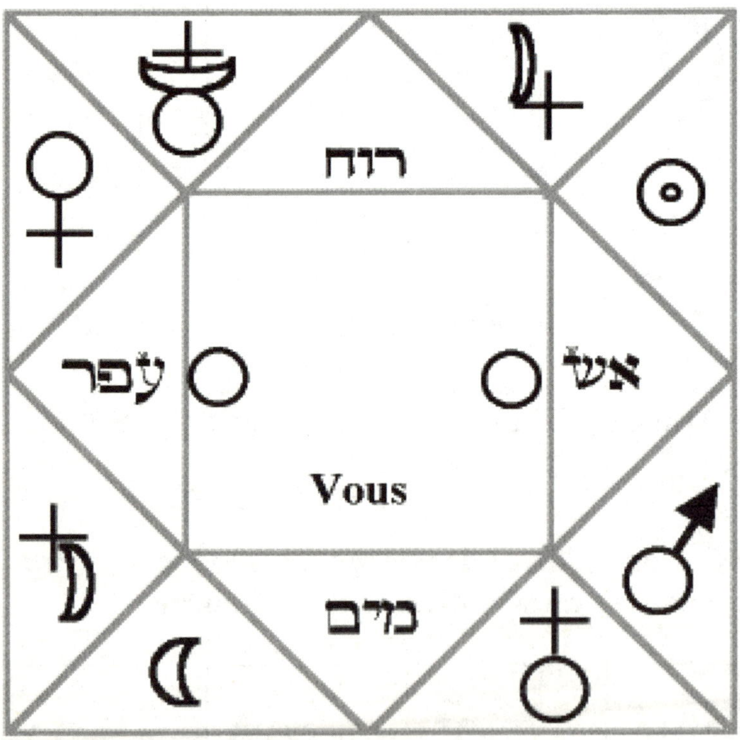

Pendant le rituel, et en lisant l'oraison de consécration du lieu, vous devrez procéder au tracé de la grille en respectant les étapes suivantes :

Première étape :

En marchant à l'extérieur de l'enceinte, dans le sens indiqué par la flèche, tracez le grand carré. Cette opération doit s'accomplir sans casser le rythme de l'oraison. **Tout le tracé doit être accompli pendant que vous dites :**

Seigneur Vous qui avez bâti le monde de l'Orient au Midi, du Midi à l'Occident, de l'Occident au Septentrion, du Septentrion à l'Orient.

Puis, pénétrant dans l'enceinte, vous tracerez les quatre traits qui joignent entre eux les trois carrés en disant :

Vous qui avez voulu que les séparations entre les mondes ne soient qu'illusion,

Qui avez créé quatre portes ou ponts permettant à vos créatures de passer de l'un à l'autre,

Qui les avez rendues visibles pour vos saints anges et les autres esprits,

Mais les avez cachées à ceux qui vivent dans un corps de chair,

Tracez le second carré en disant :

Vous qui avez créé les astres errants,

Pour qu'ils informent vos créatures de leur destin,

Qui leur avez assigné, aux astres errants, des parcours immuables,

En sens inverse des mouvements du monde.

Tracez trois côtés seulement du dernier carré en disant :

Vous qui avez inclus dans la sphère de la Lune

Les quatre mondes des éléments

Et le royaume terrestre

Et les avez faits à l'image des mondes célestes

Qui à partir de ces quatre éléments avez formé tous les êtres qui peuplent le monde sublunaire,

Daignez bénir et sanctifier ce carré construit à l'image de votre œuvre.

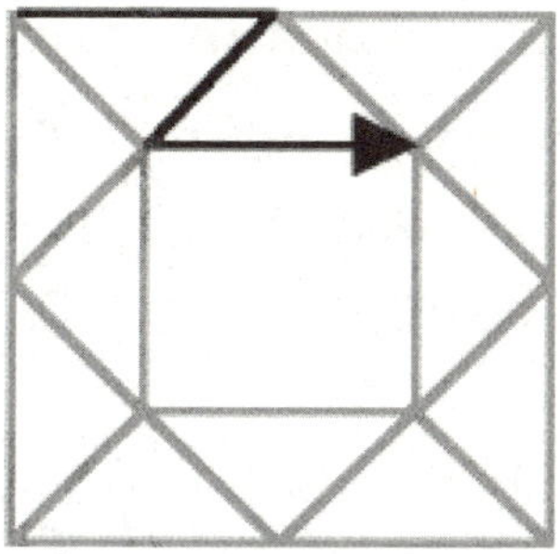

En partant du coin extérieur gauche du grand carré, fermez le graphisme, toujours avec du sel, en traçant d'un seul trait en zigzag.

Dites :

Vous qui avez séparé les huit sphères de votre création par des parois immatérielles, permettez que ce graphisme, construit à l'image de votre création, bien que semblable à la terre que vous avez créée en soit désormais séparé, afin que puisse y être invoqué votre nom.

Permettez également que le territoire ainsi délimité soit consacré pour toute la durée de son existence à la manifestation des esprits invisibles que vous avez créés et auxquels vous avez assigné la garde des éléments ; et plus particulièrement aux gnomes et aux gnomides auxquels vous avez confié la garde de l'élément Terre.

Ensuite, en partant du coin Sud Ouest, disposez les images des planètes et les bougies blanches dans les triangles en disant :

O Seigneur tout Puissant, créateur des Cieux, vous qui avez disposé sur la sphère du monde les étoiles fixes par myriades et qui avez voulu qu'elles soient la limite du monde Créé.

Vous qui avez assigné au plus près d'elles la course du vieillard du Ciel, maître des temps, (posez l'image de Saturne dans sa case puis traversez le carré intérieur en diagonale).

Vous qui avez créé Jupiter comme Roi des Cieux et lui avez assigné de régner sur la fortune et le pouvoir, (posez l'image de Jupiter dans sa case puis longez le carré intérieur vers l'Ouest).

Vous qui avez confié à Arès le soin de veiller sur les colères, les guerres, les violences et les destructions, (posez l'image de Mars dans sa case traversez).

Vous qui avez créé la terre et l'avez assignée comme séjour à l'homme jusqu'à la fin des temps, (posez l'image de la terre puis longez le carré vers le Sud Ouest).

Vous qui avez créé la Lune pour éclairer la nuit et compter les temps, (posez l'image de la Lune puis longez le carré vers le Sud Est).

Vous qui avez confié à Vénus les amours des hommes et des bêtes et les prés verdoyants, (posez l'image de Vénus).

Vous qui avez confié à Mercure le soin de régir les travaux des hommes, leurs créations et leur participation à l'œuvre divine (posez l'image de Mercure et longez le carré vers le Nord Est).

Vous qui avez créé le Soleil pour éclairer les jours et apporter la gloire aux rois, (posez l'image du Soleil dans sa case puis longez le carré intérieur vers l'Ouest).

Et qui leur avez donné mandat de régner en votre nom sur les peuples de la Terre,

Qui, au-dessous des sphères des planètes avez disposé celles des quatre éléments :

L'air qui comme l'Esprit pénètre toutes choses.

L'eau qui est la mère de toute vie.

Le Feu, qui comme votre sublime loi se manifeste en tout lieu et en tout temps identique à lui-même.

La Terre qui est le fondement de toutes matières.

Déplacements pour le dépôt des symboles planétaires. Une bougie blanche doit être placée près de chaque symbole planétaire.

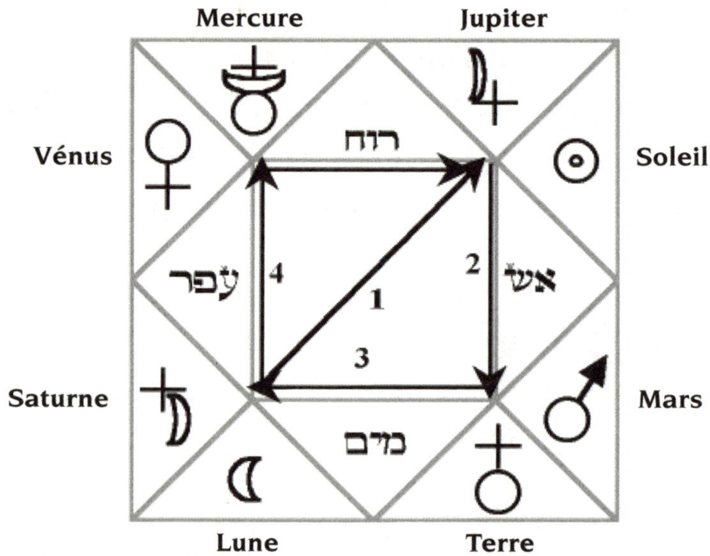

Déplacements pour le dépôt des noms des éléments.

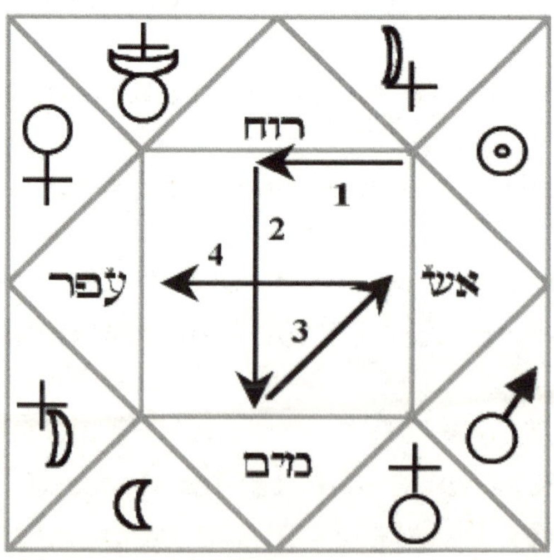

Allez au coin Nord Est et dites :

Seigneurs des vents qui asséchez les terres humides, qui gelez les lacs et les rivières, daignez vous unir à nous. Que cette flamme soit ici le symbole de votre présence. Nous vous invoquons par le nom de votre créateur, le seigneur des esprits de l'air qui créa les Cieux et la Terre, et qui, au commencement des temps sépara la terre et la mer.

Avec une bougie qui vous sert de boute feu, allumez les bougies du Nord Est au Sud Est

Arrivé au Sud Est, allumez la bougie, et dites :

Seigneurs des vents, qui séchez les foins et asséchez les moissons pour permettre leur conservation, daignez vous unir à nous. Que cette flamme soit ici le symbole de votre présence. Nous vous invoquons par le nom de votre créateur, le seigneur des esprits de l'air qui créa les Cieux et la Terre, et qui, au commencement des temps voulu que les herbes se reproduisent par semences chacune selon son espèce.

Allumez les bougies du Sud Est au Sud Ouest

Arrivé au Sud Ouest et dites :

Seigneurs des vents qui fertilisez les terres en apportant les pluies tièdes et les brouillards et

qui favorisez la germination des plantes, daignez vous unir à nous. Que cette flamme soit ici le symbole de votre présence. Nous vous invoquons par le nom de votre créateur, le seigneur des esprits de l'air qui par vous accorde à ses créatures une nourriture abondante.

Allumez les bougies du Sud Ouest au Nord Ouest.

Arrivé au Nord Ouest dites :

Seigneurs des vents, maîtres des eaux glacées qui portez la neige et le givre, vous qui couvrez la terre d'un manteau scintillant et revêtez les animaux de fourrures somptueuses, daignez vous unir à nous. Que cette flamme soit ici le symbole de votre présence. Nous vous invoquons par le nom de votre créateur, le seigneur des esprits de l'air qui par vous accorde à ses créatures les fourrures qui les préservent du froid.

Allumez les bougies du Nord Ouest au Nord Est.

Asseyez-vous à l'Ouest, si possible en tailleur

Près des deux brûle-parfums, disposez les deux bougies noires et allumez les avec la bougie qui vous sert de boute feu.

Dites :

O rois puissants des mines et des abîmes de la terre, vous qui forgez les métaux et polissez les pierres, vous dont les coups de marteau ébranlent la terre, que ces bougies soient ici le symbole de votre présence invisible mais réelle en ce lieu.

Versez le galbanum (ou à défaut un parfum des gnomes) sur l'encensoir placé du côté de la Terre, dites :
Que ce parfum soit offert en votre nom au Seigneur qui créa les cieux et la Terre, votre créateur et le nôtre, afin qu'il vous bénisse vous et vos œuvres.

Versez l'encens sur le brûle-parfum placé côté feu et dites :
Que ce parfum soit offert en votre nom pour les salamandres qui animent les feux de vos forges au Seigneur qui créa les cieux et la Terre, votre créateur et le nôtre.

Placez le pot de grès au centre du carré dessiné au sol et remplissez-le au tiers de sel gemme.

Prenez le papier et écrivez votre lettre.

Prenez une feuille de papier blanc que vous aurez auparavant coupée de façon à en obtenir un carré.

- Pliez-la de façon à marquer les bords du papier de douze plis reproduisant exactement le schéma du carré tracé au sol.

- Notez que pour obtenir ce résultat, vous marquerez le carré central de plis supplémentaires.
- Dépliez la feuille et reproduisez sur le papier tous les signes et écritures du carré tracé au sol.

Commencez votre lettre par :

Rois puissants de la terre, je vous demande par le nom du créateur tout puissant, qui a donné à l'homme pouvoir sur toutes les créatures de...

Précisez une seule demande, bien précise, bien claire.

Terminez votre lettre par :

Je demande à l'Éternel, votre créateur et le mien de vous bénir pour la faveur que vous voudrez bien m'accorder.

N'oubliez pas de signer.

Pliez la lettre comme indiqué ci-dessus.

Placez-la dans le pot sur le sel.

Recouvrez-la d'une épaisse couche de sel. La lettre doit être entièrement enterrée dans le sel.

Fermez le pot, et scellez le couvercle soit avec de l'argile brune soit avec de la cire à cacheter de couleur noire. Soit encore avec la cire de la bougie noire de gauche.

Imposez les mains sur le pot et dites :

Seigneurs des éléments, génies des vents, archanges des planètes et des étoiles fixes, que ce pot scellé dans le carré de la Terre en votre présence soit propre à contenir le message que j'adresse aux esprits de la terre. Unissez-vous donc à moi pour consacrer ce pot et le message qu'il contient afin qu'il ne puisse être négligé par les esprits de la terre à qui je l'adresse. Consacrez-le par le nom du Seigneur afin qu'il soit marqué à jamais du sceau de son œuvre.

Faites un temps de silence puis dites :

Par le nom du Seigneur et avec l'assistance des esprits qui gouvernent les cieux et les vents, je consacre ce pot et le message qu'il contient afin qu'il soit pris en compte par les puissants rois de la terre qui veillent sur les métaux, les trésors et les roches ainsi que sur tout ce qui vit ou évolue dans les cavernes et les abîmes de la terre.

Dites :

Oh esprits des cieux et des éléments, invisibles mais réellement présents en ce lieu, soyez remerciés pour l'assistance que vous avez daigné m'accorder pour la plus grande gloire de celui qui créa les cieux et la Terre; votre créateur et le mien. Retournez maintenant chacun à vos habitats. Que le Seigneur Tout Puissant vous bénisse, et que la paix règne à jamais entre vous et nous.

Ajoutez du galbanum :

- dans le brûle parfum situé côté terre.

Et de l'encens :

- dans le brûle parfum situé côté feu.

Prenez le pot, puis coupez de la pointe du pied les portes du carré magique.

- Allez immédiatement enterrer le pot à l'endroit prévu ou placez-le dans un sous-sol ou une cave.

Après avoir accompli cette opération, revenez près de votre carré magique.

- Éteignez toutes les bougies blanches et enlevez-les, puis effacez les tracés au sol et enlevez les cartons.
- Éteignez en dernier les deux bougies noires.
- Laissez les brûle-parfums en place jusqu'à ce qu'ils soient entièrement refroidis.

Divination avec le sel gemme

Cette opération fait appel à la géomancie.

Il vous faut pour l'accomplir :

- un sac de gros sel. Il faut bien entendu qu'il s'agisse de sel gemme.
- un carré de papier ou de tissu noir ou mieux une plaque d'ardoise.
- une craie blanche.

Tracez sur la plaque d'ardoise le schéma de la page 176 à main levée avec la craie.

- Écrivez une question simple dans la case centrale.

Le long des triangles numérotés 1, 2, 3,4 :

- posez quatre petits tas de sel.

Effectuez le rituel d'invocation des gnomes donné ci-dessus :

- et remplacez l'écriture de la lettre par les opérations décrites ci-dessous.

La plaque d'ardoise sera placée approximativement au centre du carré.

- Il est préférable qu'elle soit elle-même carrée.

Chaque tas, de la taille d'une pincée comporte un nombre pair ou impair de grains.

- Retirez dans le premier tas (le plus à gauche) de la case 1 les grains de sel deux par deux jusqu'à ce qu'il reste seulement deux grains ou un grain. Posez les grains que vous retirez en tas dans le carré central.

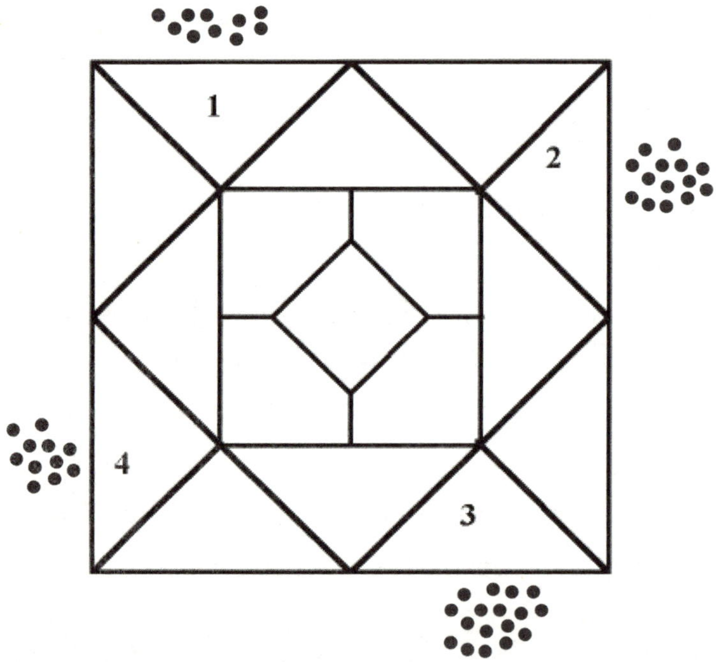

Si à la fin de l'opération il vous reste un seul grain, posez-le près du bord supérieur du triangle 1, s'il vous en reste deux faites de même.

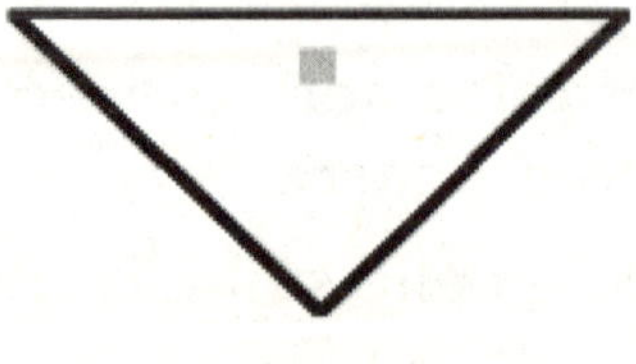

Procédez de même pour le second tas, le troisième puis le quatrième.

- Vous obtiendrez ainsi une figure sur quatre lignes chaque ligne comportant un ou deux points.

Par exemple :

- si au premier tas il vous reste deux grains ;
- au second deux ;
- au troisième un ;
- et au quatrième un.
- **Vous obtiendrez la figure appelée en Géomancie :** ***la fortune majeure.***

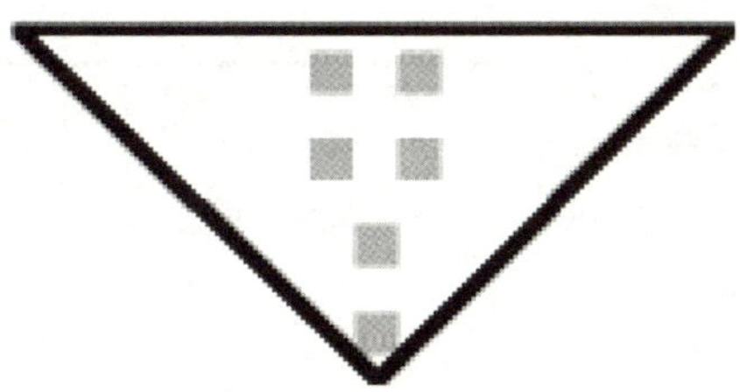

Procédez de même pour les quatre cases repérées, en considérant que la première ligne est toujours la plus extérieure au carré.

Voici le tableau des figures que vous pouvez obtenir.

• • • •	Via (la voie) Le travail quotidien La vie quotidienne **Neutre**	La vie physique La croissance Le vieillissement La solitude	Le train de vie
• • • • •	Puella (la fille) La vie La descendance **Maléfique**	La procréation La fécondité	Les bienfaits
• • • • • •	Fortuna minor (La petite fortune) L'existence **Maléfique**	La santé	Les richesses, les biens
• • • • •	Cauda Dragonis (La queue du dragon) L'évolution, les problèmes **Maléfique**	La lutte pour la vie	Les ennuis
• • • • •	Puer (le garçon) L'âme, La force morale **Bénéfique**	La vigueur physique	L'énergie
• • • • • •	Carcer (la prison) Le moi, l'ego Les préjugés, Les contraintes **Maléfique**	La stérilité	Les inconvénients, les obstacles, les limites

● ● ● ● ● ● ●	Laetitia (La joie) La pensée	Les sensations	Les « résultats moraux »
● ● ● ● ● ●	Amissio (La perte) La parole **Maléfique**	La mort, le deuil	La dispersion des activités ou des biens
● ● ● ● ● ●	Fortuna major (La grande fortune) La volonté, La réussite **Bénéfique**	L'action	Les honneurs
● ● ● ● ● ● ●	Tristitia (La tristesse) La fatalité, le destin **Maléfique**	L'hérédité physique	Les accidents, les coups du sort
● ● ● ● ● ● ● ●	Populus (le peuple) Les conséquences **Neutre**	La matérialité, La multiplicité La multiplicité	Résultats concrets, Les décisions collectives Les mouvements de foule
● ● ● ● ● ● ●	Albus (Blanc) Les vertus, Les qualités **Bénéfique**	Le repos, La facilité liée à la chose entreprise	La réussite, le succès

● ● ● ● ●	Caput dragonis (La tête du dragon) Le talent, les dons **bénéfique**	Le karma positif L'incarnation La réincarnation	Les facilités extérieures ou instinctives liées à la personne qui entreprend
● ● ● ● ● ●	Acquisitio (L'acquisition) L'aide, les appuis **bénéfiques**	La naissance Le milieu social	Les gains
● ● ● ● ● ● ●	Rubeus (rouge) Les passions, les défauts ou plutôt les manques. **Maléfique**	L'activité, l'effort physique	La lutte
● ● ● ● ● ●	Conjonctio (La conjonction) Les affinités, les amitiés, les rencontres. **Neutre**	La fécondité	La réalisation sociale

Comme l'ont remarqué les lecteurs, les figures sont symétriques verticalement. Deux figures symétriques ont des significations opposées.

À partir de ces quatre figures de base (les quatre mères), il va vous falloir obtenir treize figures pour remplir les treize cases suivantes du carré.

Supposons que vous ayez obtenu :

- fortuna major en case 1,
- fortuna minor en case 2,
- via en case 3
- et populus en case 4.

Les quatre figures suivantes appelées « filles » seront placées :

- en case 5, 6, 7, 8.

La figure de la case 5 (première fille) sera obtenue en combinant les points de la première ligne des mères.

- Ce sera donc Conjonctio ;
- la seconde fille (case 6) sera également Conjonctio.
- La troisième et la quatrième fille (cases 7 et 8) seront Amissio.

Ces figures seront formées avec des grains de sel pris dans la case centrale du carré.

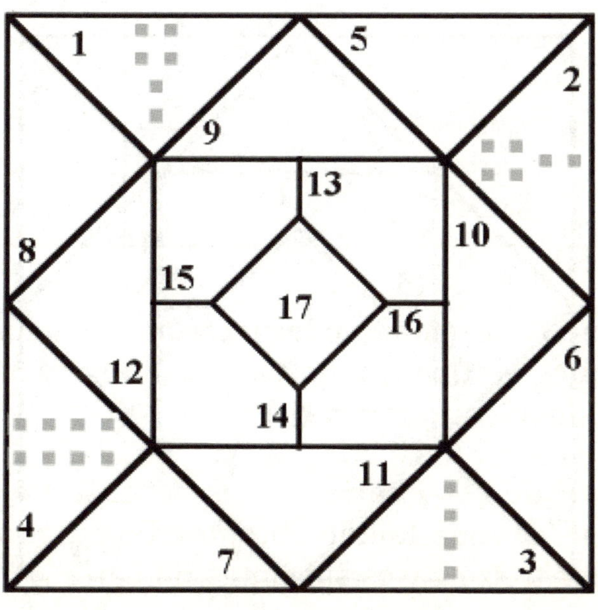

Ces nouvelles figures étant disposées sur le carré, il faudra obtenir les quatre figures appelées « nièces » qui se placeront :

- dans les cases 9, 10, 11, 12.

Les nièces seront obtenues par addition de deux mères ou de deux filles ligne à ligne.

- Par exemple première nièce (case 9) sera l'addition ligne à ligne de la première mère (case 1) et de la seconde (case 2).

1 ligne : 2 + 1 = 3 -> 1 point
2 ligne : 2 + 1 = 3 -> 1 point
3 ligne : 1 + 2 = 3 -> 1 point
4 ligne : 1 + 2 = 3 -> 1 point

La première nièce sera donc Via. La seconde, construite à partir des cases 3 et 4 par le même procédé sera Via. La troisième (cases 5 et 6) sera Populus, la quatrième, case 7 et 8 sera Populus.

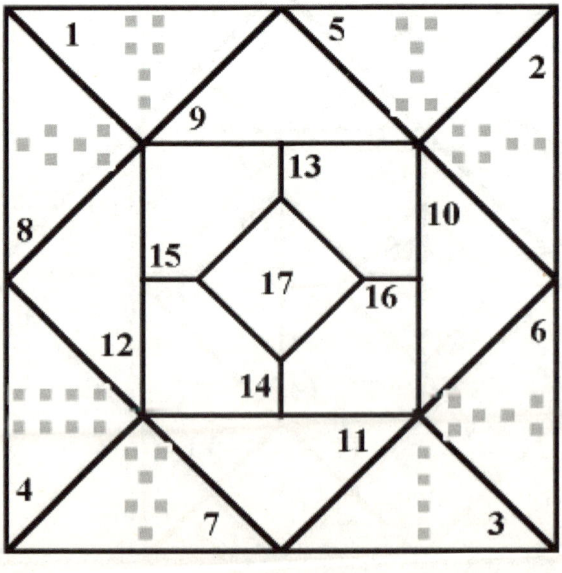

Une fois les quatre nièces placées sur le diagramme, il faudra en tirer les deux témoins, qui se placeront en case 13 et 14. Ils seront obtenus par le même procédé que nous avons utilisé pour obtenir les nièces à partir des quatre filles.

Le Juge sera placé en case 15 et obtenu par le même procédé à partir des témoins, et la seizième figure appelée « sentence » se formera, toujours par le même procédé à partir du juge et de la première mère.

- Le premier témoin sera Via.
- Le second témoin sera Populus.
- Le Juge sera Via.

La dernière figure appelée sentence ou jugement sera :

1 ligne : 1 + 2 = 3 - > 1 point
2 ligne : 1 + 2 = 3 - > 1 point
3 ligne : 2 + 2 = 4 - > 2 points
4 ligne : 2 + 2 = 4 - > 2 points

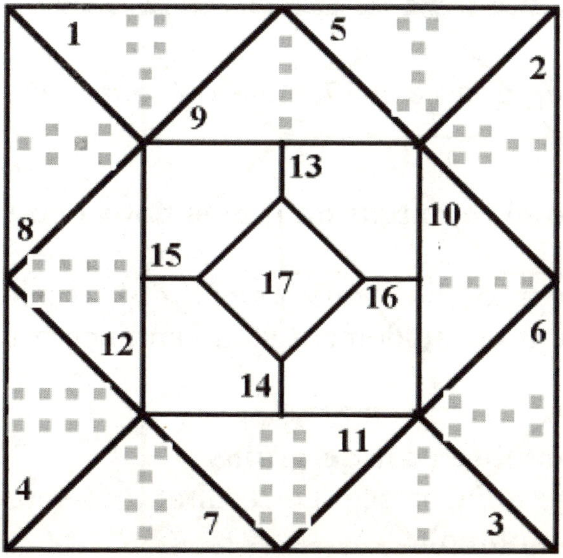

La sentence sera donc Fortuna minor

Plaçons maintenant ces figures sur le schéma.

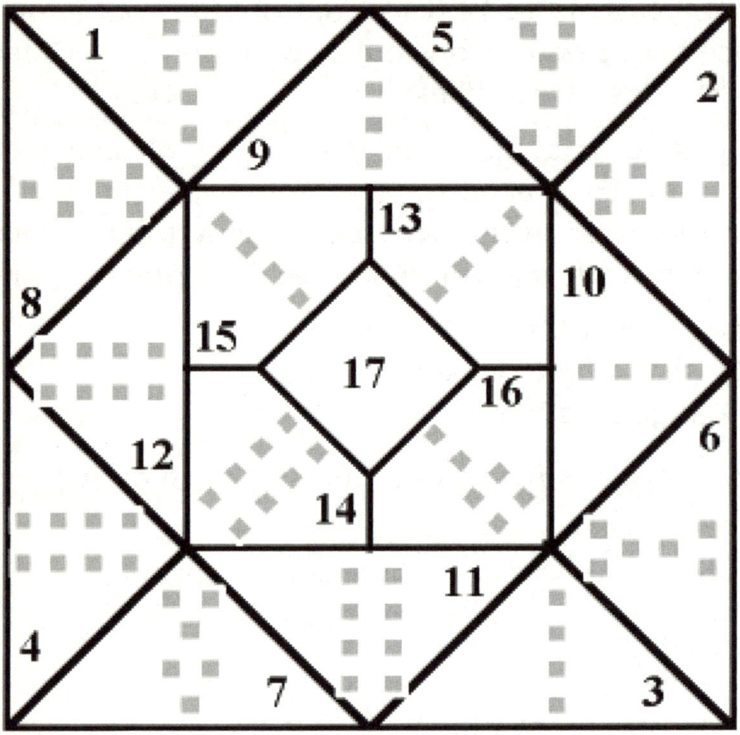

En ce qui concerne la case 17, il se présente plusieurs possibilités.

1) Il reste un nombre impair de grains dans cette case :

- C'est un présage favorable. Vous obtiendrez le résultat visé facilement et rapidement si la sentence est positive.

2) Il reste un nombre pair de grains :

- C'est un présage défavorable. Le résultat visé sera long et difficile à obtenir.

3) Il ne reste aucun grain :

- c'est déjà raté ou déjà réussi sur le plan occulte suivant le sens de la sentence.

4) Il manque des grains pour terminer le thème :

- les gnomes vous conseillent de laisser tomber. Il n'y a pas de réponse.

Notez que dans le cas 4 ci-dessus, votre question est peut-être mal formulée, ou hors de propos, ou votre destin ne vous permettra pas d'entreprendre ce projet. Vous pouvez recommencer l'opération en modifiant la formulation de la question.

Ici, nous obtenons comme sentence une mauvaise figure : la petite fortune

- nous aurons des problèmes de financement ou d'argent, et probablement, nous n'atteindrons pas l'objectif recherché.

Bien entendu, c'est là une interprétation à « coup de serpe », si vous désirez faire une vraie divination, il faudra vous reporter à un traité de géomancie. Néanmoins, la sentence vous donne une indication sur vos probabilités de réussite...

Mais, en réalité, nous n'avons appris à monter le thème géomantique de cette façon, sur ce schéma fort peu pratique que pour une seule raison : **apprendre à retourner le sort, à modifier les probabilités. C'est ce que nous expliquons dans l'alinéa suivant.**

Comment retourner le sort

Vous venez d'obtenir avec le procédé géomantique ci-dessus une réponse défavorable. Vous pouvez retourner le sort sauf :

- si vous avez manqué de grains de sel et n'avez pas obtenu de sentence,
- s'il ne reste pas de grains de sel dans la case 17, « les jeux sont faits » comme on dit au casino.

Attention, si vous voulez retourner le sort, vous devez le faire dès maintenant avant de clore la cérémonie magique par l'action de grâce et l'effacement du carré...

La méthode proposée ci-dessous permet de dresser un nouveau thème géomantique qui constituera un talisman qu'il faudra porter sur soi jusqu'à ce que l'objectif soit atteint. Notez qu'en interprétant ce nouveau thème, vous saurez ce que vous devez modifier dans votre attitude générale et quelles en seront les conséquences.

Le procédé est simple. D'abord, il faut choisir parmi les figures bénéfiques celle qui convient le mieux à votre objectif.

Il faut vous munir d'une seconde ardoise sur laquelle vous tracerez le même schéma et recopierez en utilisant une craie le thème précédent sauf les figures contenues dans les cases :

16, 15, 13, 10, 4 et 3.

Pour une affaire d'argent ou un projet d'achat, une demande de soutien, la recherche d'un partenaire.	Acquisitio. (L'acquisition)	● ● ● ● ● ●
Pour une affaire de profession, de notoriété, de rang social.	Fortuna Major (La grande fortune)	● ● ● ● ● ●
Pour une affaire de réussite artistique ou littéraire, d'études, d'examen de spiritualité.	Caput dragonis (La tête du dragon)	● ● ● ● ●
Pour une question de repos, de tranquillité, de calme, de sérénité.	Albus (Blanc)	● ● ● ● ● ● ●
Pour une question de pouvoir, le sport, les rivalités, la virilité.	Puer (Le garçon)	● ● ● ● ●
Pour une question familiale ou sentimentale, pour le bonheur en général.	Laetitia La Joie	● ● ● ● ● ● ●

Une fois choisie la figure qui vous convient, il va falloir reconstruire le thème géomantique en partant de la case 16.

Supposons que notre thème concerne une affaire d'argent et plaçons Acquisitio dans la case n° 16 du schéma dessiné sur la seconde ardoise.

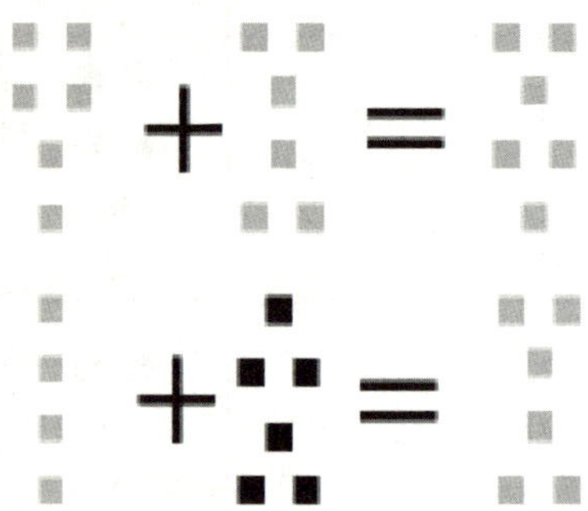

Dans le « nouveau thème », on ne place pas le nouveau juge, mais la figure qui doit être ajoutée à l'ancien juge pour obtenir le nouveau.

La sentence est obtenue par la combinaison de la première mère. On ne peut changer la première mère, mais on doit changer le juge.

La première mère est Fortuna major, pour obtenir Acquisitio, il faut lui ajouter Conjonctio qui devra remplacer virtuellement le juge initial.

Il faut donc modifier le Juge (Via) en lui ajoutant Amissio. Placez donc Amissio dans la case 15.

Le juge est la synthèse des deux témoins, le premier témoin est issu des quatre mères. C'est lui et lui seulement que vous pouvez modifier. La somme des deux juges doit vous donner Conjonctio.

Comme le second juge est Populus, et que Populus ajouté à n'importe quelle autre figure donne cette autre figure, il nous suffit de modifier le premier témoin à nouveau Via pour obtenir Conjonctio. Il faut donc placer Amissio dans la case 13.

Donc le premier témoin devrait être Conjonctio. Issu des figures contenues dans les cases 9 et 10 (première et seconde fille).

Nous ne pouvons pas modifier la première mère, et donc nous ne pouvons changer la première nièce. Comme la seconde fille est Via, et la première Via également, il faut que la seconde nièce devienne Amissio. Pour cela, il suffit de lui ajouter Conjonctio. Nous placerons donc Conjonctio dans la case 10.

La seconde nièce est issue des mères 3 et 4 qui sont Via et Populus. Populus ne modifie pas la figure à laquelle il est ajouté. Via inverse la figure à laquelle il est ajouté. Il nous faut donc remplacer via par Carcer. Pour cela on ajoutera à Via, Conjonctio. Nous reporterons donc Populus dans la case 4 et Conjonctio dans la case 3.

Cette opération va évidemment modifier les filles

- La première fille deviendra Rubeus.
- La seconde Conjonctio.
- La troisième Amissio.
- La quatrième Joie.

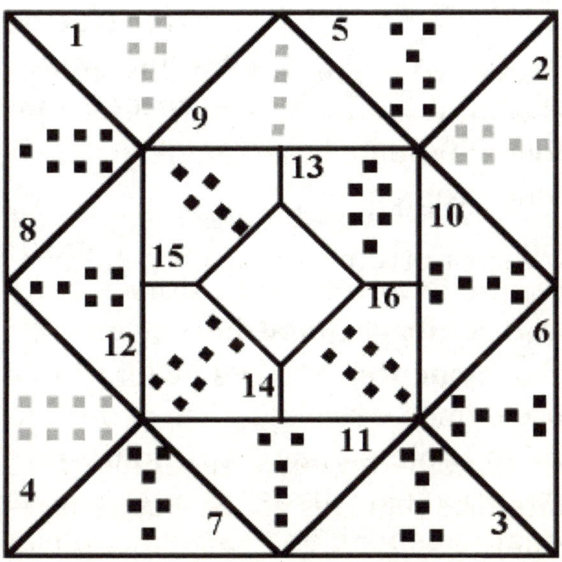

Voyez à gauche en noir les figures portées sur la seconde ardoise avant la mise en place des nouvelles filles.

À partir de ces huit figures, que vous reportez sur un schéma tracé à main levée sur un papier avec un crayon à mine de graphite (crayon à papier ordinaire), il faut dresser un nouveau thème. Des mères et des filles, vous allez donc tirer les nièces, puis les témoins, puis le juge, et enfin la sentence : la dernière figure. Dans notre exemple, cette dernière figure sera Lætitia : la joie.

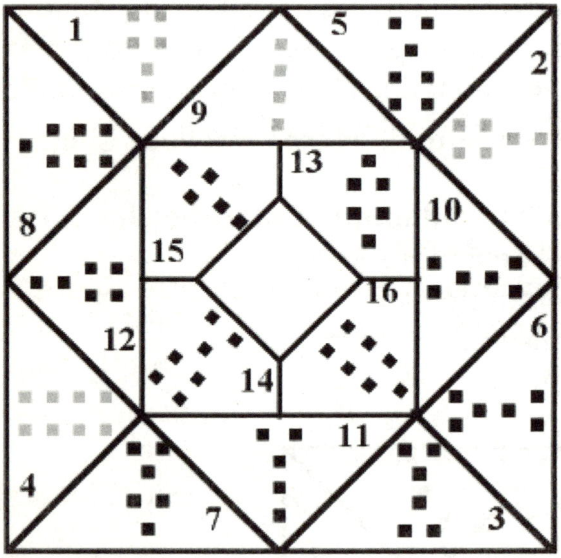

Voici le thème modifié qui vous servira de talisman si la figure obtenue en case 16 est l'une des six figures bénéfiques.

Ici, par combinaison de Puer le garçon et de Fortuna major (la fortune majeure) nous obtenons joie.

L'opération agira donc favorablement sur notre bonheur familial ou sur notre bonheur en général.

Dans la case 3 nous avons remplacé Via, la voie, par Conjonctio, la conjonction. Il nous faudra donc faire un effort dans le domaine des contacts et de l'entente dans le domaine professionnel. Les douze premières cases sont appelées « maisons » et ont la même signification que les maisons astrologiques.

Cette dernière figure du thème modifié, c'est ce que vous accordent les gnomes si vous suivez la voie indiquée par les changements que vous avez apportés au thème.

Il se peut que vous ne réussissiez pas avec cette méthode à obtenir en case 16 une des six figures bénéfiques. Dans ce cas, cela signifie simplement que la « *sagesse des gnomes* » n'est pas en mesure de vous aider.

Voici maintenant quelques règles qui vous simplifieront le travail.

1) addition de figures :

- Retenez que : **Populus** ajouté à une autre figure a pour résultat cette autre figure.
- **Via**, ajouté à une autre figure a pour résultat la figure inverse (par exemple ajoutée à Caput dragonis, Via donne pour résultat Cauda dragonis).
- La somme de deux figures identiques est toujours **Populus.**
- La somme de deux figures inverses est toujours **Via** (par exemple ajoutée à Caput dragonis, Cauda dragonis donne Via, de même que Puer ajouté à Rubéus).

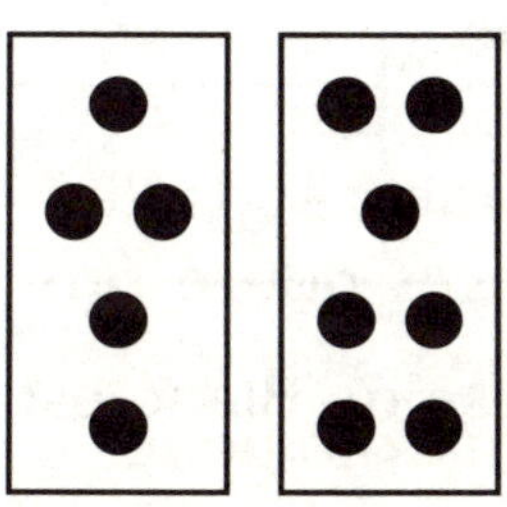

Notez que deux figures sont dites inverses lorsque toute ligne portant deux points sur une figure n'en porte qu'un sur l'autre et inversement. Ainsi l'inverse de Rubeus est Puer.

Attention ! Deux figures contraires ou complémentaires ne sont pas forcément inverses.

- Ainsi, Puer (le garçon) est complémentaire (ou contraire) à Puella la fille, mais leur somme est Conjonctio (la conjonction).

Deux figures sont dites contraires ou complémentaires quand elles présentent une symétrie verticale.

- Ces figures peuvent être inverses, comme Fortuna major et Fortuna minor, mais elles peuvent également ne pas l'être.

Table des figures contraires ou complémentaires

Acquisitio (acquisition)	Amissio (perte)	inverses	
Laetitia (joie)	Tristitia (tristesse)	inverses	
Caput dragonis (Tête du dragon)	Cauda dragonis (queue du dragon)	inverses	
Albus (blanc)	Rubeus (rouge)		Conjonctio
Puer (garçon)	Puella (fille)		Conjonctio
Fortuna major (Grande fortune)	Fortuna minor (petite fortune)	inverses	
Populus (peuple)	Via (Voie)	inverses	
Conjonctio (Conjonction)	Carcer (prison)	inverses	

L'inverse de Puer est Rubeus, l'inverse de Blanc est Puella.

L'addition de figures s'opère ligne à ligne.

- Lorsque vous additionnez deux figures, vous comptez sur chaque ligne deux trois ou quatre points.
- Si le nombre de points sur la ligne est pair (2 ou 4) alors la ligne correspondante dans la figure résultante comporte deux points.
- Inversement, si le nombre de points comptés sur une ligne est impair (3 points) alors la ligne de la figure résultante comporte un seul point.

2) brouillons :

Pour le talisman, il est essentiel que les figures soient disposées comme dans les schémas indiqués ci-dessus. Néanmoins, lors de la transformation du thème vous pouvez faire un brouillon sur un schéma en écu. La disposition en « écu » facilite grandement le travail d'addition des figures. L'image ci-dessous représente le brouillon du thème transformé.

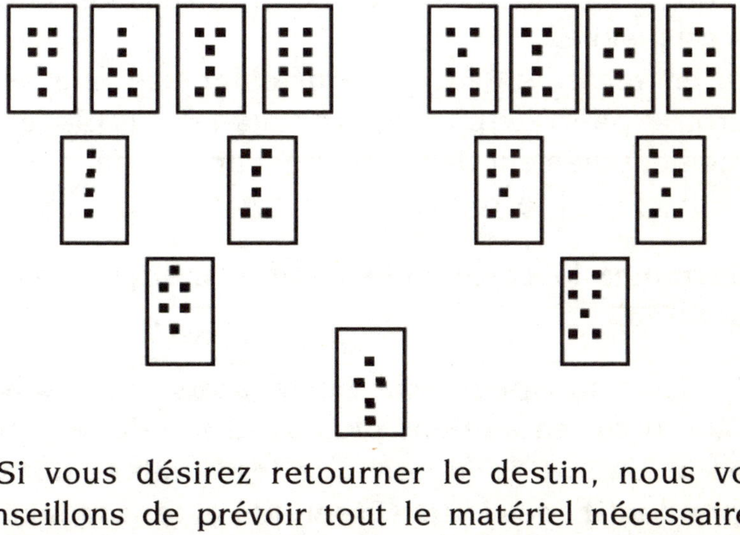

Si vous désirez retourner le destin, nous vous conseillons de prévoir tout le matériel nécessaire à portée de main avant de commencer une divination.

3) Vous avez réussi à retourner le destin : comment consacrer et utiliser le talisman ?

Pour consacrer le talisman :

- passez simplement la feuille de papier dans la fumée du galbanum, et improvisez en fonction du résultat obtenu (de la signification de la sentence) un remerciement aux gnomes.

Pliez ensuite le talisman comme indiqué ci-dessous :

- a) repliez les quatre coins du carré de papier sur le centre (les figures 1 à 8) côté écrit sur côté écrit.
- b) repliez les quatre coins du carré sur l'autre face du talisman.
  Votre talisman se présente maintenant sous la forme d'un paquet carré présentant une croix grecque sur une face, une croix grecque et une croix de saint André sur l'autre. Aucune écriture n'est visible.
- c) en regardant la face qui comporte une seule croix : pliez le paquet en quatre, et placez le momentanément dans votre poche... Enfin dans un endroit où il reste près de votre corps.

Terminez la cérémonie comme indiqué pour la divination.

Ce talisman peut être porté dans votre portefeuille. Il est cependant plus pratique de le placer dans un sac de tissu noir que les hommes portent en pendentif sous leurs vêtements et les femmes, le plus souvent accroché à leur soutien-gorge.

Attention ! Si vous oubliez le talisman dans un vêtement et si vous le lavez, il perd son efficacité. La seule possibilité dans ce cas est de faire une nouvelle divination, et si elle est négative de tenter de « retourner le destin » par le procédé indiqué ci-dessus. Il n'est pas dit cependant que les gnomes vous accorderont (ou pourront vous accorder) une seconde fois leur aide.

4) La figure 16 du thème corrigé est maléfique ou neutre !

La voie magique qui permettrait de corriger le destin par ce moyen est fermée.

Interprétez le thème géomantique obtenu, il vous indique ce qui vous manque pour obtenir le résultat que vous recherchez.

Il faut ensuite clore la cérémonie avec la même action de grâce que si l'opération avait réussi.

Les gnomes, de toute façon, à travers ces deux thèmes géomantiques vous aident par leurs conseils.

APPENDICE

Rituels de consécration du Sel

LA consécration du sel peut s'effectuer de diverses manières. Ceux qui pratiquent une religion utiliseront de préférence un rituel de consécration correspondant à leur religion.

Matériel indispensable :

- une certaine quantité de sel (d'une pincée à un sac de plusieurs kilos...).

Matériel facultatif :

- une table (autel) ;
- une nappe ;
- trois bougies (2 pour éclairer l'autel, 1 pour « porter le feu ») ;
- éventuellement 2 bougeoirs (mais 2 soucoupes ou 2 rondelles de carton conviendront, cela ne sert qu'à protéger la nappe) ;
- un brûle-parfum qu'il est préférable d'allumer avant d'entreprendre le rituel, soit avec du charbon de bois, soit avec des braises automatiques ;
- de l'encens ;
- une coupe de verre, de cristal ou de poterie pour contenir le sel.

Si vous ne disposez pas d'un autel ou en cas d'urgence, seuls le sel et la prière avec imposition des mains sont nécessaires.

Préparation (si vous disposez d'un autel) :

Recouvrez la table de la nappe :

- disposez les deux bougies et le brûle-parfum comme indiqué par le schéma page 199 ;
- Éventuellement (si vous en avez une) posez la coupe au milieu de la table et versez-y le sel.
- **Si vous disposez d'un autel vous devez procéder à l'allumage des bougies et du brûle-parfum.**

Allumez la bougie qui vous sert de boute feu (utilisez toujours avec une allumette, jamais de briquet) et boutez le feu à la bougie de gauche.

Ce faisant dites :

Par le Dieu vivant, par le Dieu Vrai, par le Dieu saint !

Que cette sainte lumière se répande en ce lieu et le sanctifie, qu'elle en chasse à l'instant toute puissance démoniaque tout prestige de l'ennemi. Amen.

Boutez le feu à la seconde bougie.

Que cette sainte lumière illumine nos esprits et nos cœurs et qu'avec elle nos prières s'élèvent vers l'Éternel.

Versez sur la braise de l'encensoir un peu d'encens en disant :

Seigneur que ce parfum s'élève vers toi comme s'élevait la fumée des encens qui se consumaient sur l'autel des parfums du temple de Jérusalem. Amen † † †.

Dites :

Mon pouvoir est dans le nom du Seigneur qui créa les Cieux et la Terre.

Seigneur, exaucez ma prière et que mon cri monte jusqu'à vous !

Tendez les doigts de la main droite vers le sel.

Je t'exorcise créature de sel par Iob le Dieu vivant, par

Ioab le Dieu Vrai, par Iaob le Dieu saint !

Je t'adjure par celui qui a voulu que tu sois jeté dans l'eau par le prophète Élisée pour guérir la stérilité de l'eau, afin que tu ne retiennes rien en toi de la puissance démoniaque qui régna sur toi jusqu'à ce jour. Que tu deviennes au contraire, sel exorcisé, le salut, l'inspiration et l'intelligence tant spirituelle que matérielle de ceux qui te toucheront ou te consommeront, afin qu'en tout lieu et en tout temps où tu seras répandu tu sois un remède et une protection contre les pièges de l'invisible adversaire, et que tu serves à la purification et à la consécration de toute créature humaine, animale, végétale ou minérale qu'il nous plaira de sanctifier par le nom de l'Éternel notre Dieu.

Faites un temps de silence pendant lequel vous placez vos mains à plat au-dessus du sel et dites :

Et Toi Seigneur Puissant et Saint, Toi que je confesse le seul vrai Dieu, daigne sanctifier par la vertu de ta bénédiction cette créature de sel issue de l'eau (ou de la Terre si vous utilisez du sel gemme comme il est conseillé dans ce livre), en chasser à tout jamais l'esprit démoniaque ou ses serviteurs qui la hantent ou l'habitent. Rends-lui donc la pureté originelle qui était la sienne au jour de la création afin que tous ceux qui en useront obtiennent la santé du corps et le salut de l'âme et que tous ceux et tout ce qui en sera touché ou imprégné soient désormais purifiés de toute impureté et de tout envahissement des puissances ténébreuses et mauvaises. Qu'il en soit ainsi Seigneur par la puissance de tes très saints noms « Tout Puissant, Jéhovah, Dieu des Armées, Seigneur des anges, Seigneur de la Terre ».

Prions :

Seigneur, Dieu Éternel et Tout Puissant, nous implorons humblement ton infinie clémence : daigne, en ta bonté bénir †, sanctifier †, consacrer † cette créature de sel que tu as donnée au genre humain pour son usage, afin qu'elle soit salut de l'esprit et du corps pour tous ceux qui la consommeront et que tout ce qui en sera touché ou saupoudré soit exempt de toute impureté, de toute attaque de la malice des esprits. Qu'au contraire, ils soient à l'instant chassés et disparaissent devant la puissance du Seigneur et par la vertu de ses très saints noms : Dieu Grand, Agla, Jeoshouah, Dieu élevé. Lui qui vit à jamais dans l'Éternité des siècles des siècles. Amen † † †.

Continuez d'imposer les mains sur le sel. Vous devez sentir une chaleur qui s'échappe de vos mains. Quand cette sensation s'inverse, c'est-à-dire quand vous avez l'impression que c'est le sel qui chauffe vos mains, la consécration est terminée.

Tracez alors avec le pouce de la main droite 3 signes de croix sur le sel en disant :

« *Amen.* »

Table des matières

Introduction 5

CHAPITRE 1 – LE SEL PROTECTEUR 13

Protéger la maison et ses habitants

Lutter contre les mauvaises ondes,
les maléfices, le malheur en général 14

Renforcer l'action des barrières de sel 19

Quelles pièces devez-vous protéger en priorité 22

Discrétion et image de marque 23

Protéger une personne en particulier 25

Protéger un malade 25

Vous protéger à votre lieu de travail 27

Vous protéger en tant qu'individu 29

Protéger une personne à distance 37

Combattre un maléfice avec le sel 41

Protéger vos animaux, votre jardin 44

Protéger un jardin 44

Protéger une étable, une bergerie,
une porcherie une écurie 48

Le sel et la maladie 50

Fatigue après une longue journée de travail
ou une longue marche, courbatures 50

Entorses, foulures, muscles,
ou tendons douloureux 53

Maladies infectieuses, épidémies 54
Maux de gorge début de rhume 54
Maux de tête et migraines 55

CHAPITRE 2 – LES RITES DE PURIFICATION PAR LE SEL 57

Bain de purification 58
Purification des voies respiratoires 60
Purification des voies digestives 62
Purification des organes sexuels 63
Purification d'un lieu ou d'une maison 64
Purification d'un objet ou d'un produit 66

CHAPITRE 3 – LE SEL ET LA MAGIE D'ARGENT 69

La bougie pour le trésor des morts 70
Fabrication de la bougie 71
Utilisation de la bougie pour le spiritisme 78
Utilisation des bougies en nécromancie pour la recherche des trésors 78

Le sel et l'argent des vivants 91
Pour mettre toutes les chances de votre côté : placez votre photo au centre d'un pentacle de chance 91

Le sel, mon argent, mes biens 111
Le sel et mes biens : comment stabiliser une situation ? 111
Observations à propos des deux rituels ci-dessus 121

Rituels ponctuels pour le commerce 123
Préservez-vous du billet (du chèque,
de la pièce de monnaie) mal donné 123
Protégez votre lieu de vente 126

Rituels de chance ponctuels pour le jeu 127
Avant de partir pour jouer garnissez votre poche 129
Un procédé pas si bête 130
De l'argent en urgence ! 131

CHAPITRE 4 : LE SEL ET L'AMOUR 145
Mettre du sel dans les relations 146
La dispute assurée 147
Le rituel de retour d'affection 149

CHAPITRE 5 – AUTRES PROCÉDÉS MAGIQUES AVEC LE SEL 157

Le sel gemme et les gnomes 158
Divination avec le sel gemme 175
Comment retourner le sort 186

APPENDICE : rituels de consécration du sel 197

Mage, guérisseur, spirite, qu'il soit amérindien ou tibétain, **le chaman est un être d'exception**, interlocuteur privilégié d'autres plans de réalité. « Manuel pratique des rituels chamaniques » sort des sentiers battus et ne ressemble en rien à tout ce que vous avez pu lire jusqu'ici sur le chamanisme.

Religion ? Philosophie ? Avant toutes choses, nous enseigne l'auteur, **un ensemble de techniques spirituelles et magiques** dont l'homme et la femme d'aujourd'hui peuvent tirer de grands bénéfices. John Creek sort délibérément l'initiation chamanique du cadre ethnologique auquel la confinaient jusqu'alors la plupart des auteurs. Que nous enseigne le chamanisme? Non seulement à **communiquer avec les mondes invisibles,** mais également à **nous assumer pleinement dans l'ici et maintenant,** en devenant maître de notre vie. Ne soyez plus agis, mais agissez : telle est sa profession de foi. L'auteur quitte les sentiers battus de la philosophie occulte pour nous plonger au cœur d'une réalité vivifiante, nous livrant le premier manuel pratique d'initiation chamane. **Apprenez comment diriger vos rêves, assumer vos besoins et vous affranchir de vos peurs, vous délivrer du stress, accélérer les processus de guérison, purifier votre esprit** pour aller droit à l'essentiel. « Manuel pratique des rituels chamaniques » ne se contente pas d'en expliciter la nécessité, **il délivre des méthodes applicables par tous,** dont la simplicité ne pourra que vous séduire. Vous irez à la rencontre de votre animal totem, et, vous unir à lui, vous communiquera une énergie considérable. Vous pourrez y recourir chaque fois que la force, physique ou psychique, viendra à vous manquer. Dans nos rapports quotidiens avec les autres, le chamanisme est un atout. Il nous permet de déterminer leur mode de fonctionnement et de nous y adapter, afin d'être toujours sur la même « longueur d'ondes » que nos interlocuteurs(trices). **Le chamanisme nous fait entrer dans une dynamique de vitalité, de succès, d'épanouissement.** Si l'efficacité des techniques qu'il propose laissa sans voix nombre d'occidentaux, fût-ce parmi les plus sceptiques, **aucun livre n'avait jusqu'alors osé les exposer avec tant de clarté, de simplicité et de précision.** « Manuel pratique des rituels chamaniques » est à n'en pas douter, un ouvrage qui fera date.

I.S.B.N. : 2-84895-000-5 **PRIX : 18 €**

Sortir des cercles infernaux, oser devenir soi-même, vivre des rapports harmonieux avec ceux qui vous entourent, assumer pleinement ce que l'on est, connaître un bonheur sans faille, trouver sa juste place dans l'Univers : ces facultés ne sont pas l'apanage d'un cénacle d'Initiés, mais de tous ceux et de toutes celles dont la vie est en accord avec les grandes lois cosmiques qui régissent l'Univers. Car, indépendamment des lois humaines, des ethnies, des religions, les Forces de la Vie sont régies par des principes qui en assurent la cohésion et l'expansion. Une Justice immanente s'avérant quelquefois impitoyable pour qui en toute inconscience les enfreint. Déterminer quelles sont ces lois et de quelle manière nous pouvons nous y conformer **afin d'accéder au mieux-être, montrer pourquoi elles sont la source d'une immense délivrance.** Tel est l'axe directeur de ce livre essentiel. L'auteur, en aucun cas, ne prétend détenir la Vérité, mais il aide chacun à trouver la sienne, celle qui lui permettra d'atteindre le plus authentique de lui même. **En ces temps, où grand nombre de nos contemporains souffrent d'une confusion des valeurs et des repères,** ce livre nous apparaît comme une source de jouvence, un manuel salutaire qui trace une voie que chacun pourra emprunter en toute confiance et sérénité.

En nous ouvrant à l'Univers, à son infinie richesse, nous pouvons dès maintenant tourner le dos à la souffrance et à l'incompréhension, pour donner (et nous donner) sincèrement le meilleur de nous-même. Betty Thorton expose clairement une philosophie, une éthique de vie praticable au quotidien, dans notre réalité la plus concrète. Se conformer aux douze grandes lois cosmiques, c'est avant tout se donner les moyens de vivre plus pleinement les instants, de créer dans sa vie de nouvelles perspectives, d'envisager différemment le monde, d'entrer dans un univers où le spirituel et le matériel ne sont pas nécessairement séparés, mais se complètent harmonieusement, pour notre plus grand bonheur et celui des êtres qui croisent notre chemin. **Une expérience qui peut bouleverser votre vie, de manière durable et profonde.** « Les douze lois cosmiques » est un **véritable mode d'emploi** du « mieux être » et du « plus être ». À mettre en pratique dès maintenant.

I.S.B.N. : 2-84895-001-3 **PRIX : 15 €**

Imprimé en France par EMD S.A.S. en avril 2011
53110 Lassay-les-Châteaux.
N° 24828
Dépôt légal : juin 2005